BETTINA QUERFURTH

WO BITTE GEHT'S ZUM MEER?

BETTINA QUERFURTH

WO BITTE GEHT'S ZUM MEER?

*Was es wirklich heißt,
eine Kreuzfahrt zu machen*

DIANA

Verlagsgruppe Random House FSC® N001967

2. Auflage
Copyright © 2017 by Diana Verlag, München,
in der Verlagsgruppe Random House GmbH,
Neumarkter Straße 28, 81673 München
Redaktion: Regina Eisele
Umschlaggestaltung: Eisele Grafik·Design, München
Umschlagmotive: © Lana N., Serz72/Bigstock/Shutterstock
Satz: Leingärtner, Nabburg
Druck und Bindung: CPI Books GmbH, Leck
Printed in Germany
Alle Rechte vorbehalten
ISBN 978-3-453-28543-9

www.diana-verlag.de
Besuchen Sie uns auch auf www.herzenszeilen.de
Dieses Buch ist auch als E-Book lieferbar.

Inhalt

Jedes Schiff ein Traum

Wie ich Kreuzfahrten lieben lernte

Wie so oft im Leben war es keine Liebe auf den ersten Blick. Denn so richtig gefunkt hat es zwischen mir und der Welt der Kreuzfahrt eigentlich erst bei der zweiten Reise. Im Jahr 2002 begleitete ich meine Mutter nach Südnorwegen und stand neben ihr auf einer windigen Aussichtsplattform. Wir warteten darauf, dass die tief hängende Wolkendecke über dem Geirangerfjord aufriss. Für diesen Blick, den Höhepunkt der Reise, hatten wir in einem von drei Bussen die Haarnadelkurven auf den Berg Dalsnibba erklommen.

Doch mit Bergen ist es bekanntlich so eine Sache: Steht man unten am Fuß, verdeckt eine graue Nebelwand die Spitze. Hat man es auf den Gipfel geschafft, umhüllt eine Wolkendecke prompt alles, was sich im Tal zu sehen lohnt. Dem Wetter ist es schnurz, ob wir Tausende von Kilometern angereist sind und viel Geld hingeblättert haben, um genau diese Aussicht zu genießen. Schon gar nicht interessiert sich Petrus dafür, dass wir nur eine halbe Stunde Zeit eingeplant haben.

Wie bei einer Theateraufführung hofften wir an diesem trüben Augusttag also, dass sich der Vorhang endlich öffnen würde. Ich hatte noch Griegs *Morgenstimmung* im Ohr, der wir während der Fahrt den Fjord hinauf gelauscht hatten, als es passierte: Die verzauberte Landschaft unter uns schälte sich aus ihrem Wolkenkleid, und Norwegen zeigte sich von seiner Schokoladenseite. Ehrfürchtig blickten wir auf die petrolfarbene See, die schroffen Felswände und die Sieben-Schwestern-Wasserfälle.

Doch während um mich herum die Fotoapparate klickten, um den König der Fjorde festzuhalten, hatte ich nur Augen für das andere Schiff, das inzwischen neben unserem vor Anker gegangen war. Es war ein riesiger Pott, mit unzähligen Reihen von Balkons an jeder Seite. Eines dieser schwimmenden Hochhäuser, die von Umweltschützern und Venedig-Fans gleichermaßen gehasst werden.

»Sieht aus wie sozialer Wohnungsbau«, sagte just in diesem Augenblick eine vornehme ältere Dame. Angeekelt starrte sie auf den Megaliner.

Doch meine Assoziationen waren vollkommen anders.

Ich stellte mir vor, wie ich in meiner eigenen Loge sitzen und über die Wellen gleiten würde. Meinen Kaffee schlürfend, könnte ich die Pippi-Langstrumpf-Landschaft aus ochsenblutfarbenen Holzhäusern mit weißen Fensterläden und die von Anlegestegen ins Wasser hüpfenden Kinder an mir vorbeiziehen lassen. Augenblicklich war mir klar, dass ein solches Schiff mein persönliches Traumschiff sein musste.

»Das sind Amerikaner«, sagte meine Mutter in diesem Moment. »Die haben diese tollen Balkons.«

Heute ist das Standard. Doch im Jahr 2002 war dies Luxus und ein Novum. Absolut spektakulär. Noch nie hatte ich so etwas gesehen.

»Wir sollten das nächste Mal auch eine Reise auf so einem Schiff machen«, sagte ich.

Kreuzfahrt hieß für mich bis zu diesem Zeitpunkt nur, neue Länder kennenzulernen. Wichtig war mir, wohin die Reise ging. Wie ich reiste, war eher nebensächlich. Ein Fehler, wie ich jetzt merkte.

Unser eigener, schon etwas in die Jahre gekommener Dampfer wirkte neben den Amerikanern wie ein Fischkutter. Statt Balkons hatten wir nur Bullaugen. Von dem ständigen Luftstrom der steinzeitmäßigen Klimaanlage über meinem Bett, gegen den selbst der nette ukrainische Techniker nichts ausrichten konnte, hatte ich eine dicke Backe bekommen.

Das Publikum bestand größtenteils aus älteren Herrschaften in beigefarbenen Anoraks. Sämtliche Bordaktivitäten waren auf diese Zielgruppe abgestimmt, die – im Gegensatz zu mir – voll auf Volksmusik und Zaubershows stand. Dass man viermal am Tag bis zu zwei Stunden zu Tisch saß, ließ mich vor Ungeduld fast platzen. Zur vorgeschriebenen Frühstückszeit hatte ich gerade mal ein Auge geöffnet, und statt zu Mittag zu essen ging ich lieber in den Swimmingpool, auch wenn mir der eigentlich viel zu winzig war. Wie andere es schafften, auf einer Kreuzfahrt an Gewicht zuzulegen, war mir ein Rätsel, ich jedenfalls nahm ab.

Als wir 2006 wieder eine Kreuzfahrt planten, machte ich meinen Traum wahr. Stundenlang surfte ich im Internet, um eine erschwingliche Balkonkabine zu finden. Die Google-Suche nach den Stichworten »Mittelmeer« und »Balkonkabine« sollte der Einstieg in mein neues Hobby werden, wie sich im Nachhinein herausstellte. Gleichzeitig habe ich damit zu meinem Schiffstyp gefunden. Zwar spielte das Schiff bei meiner Wahl gegenüber der Route immer noch die zweite Geige, aber es spielte jetzt erstmals überhaupt eine Geige im Orchester meiner Auswahlkriterien.

Auf der Mittelmeertour gab es eine Balkonkabine, die nicht einmal mehr kostete als die mit Bullauge, und sogar ein Büfettrestaurant. Wie eine Fünfjährige mit ADHS hatte ich mich bei jeder Mahlzeit in Norwegen gefühlt. Wie hielten die anderen Passagiere es nur aus, viermal am Tag an einem Tisch zu sitzen und nicht nur selbst mehrere Gänge zu verspeisen, sondern auch noch darauf zu warten, bis die Tischnachbarn ihr Dessert verputzt hatten?

Auf dem Schiff mit den Balkons genügte es, einmal am Tag, nämlich am Abend, im Restaurant zu essen. Und sogar das ließ sich schwänzen, wenn einem der Sinn eher nach einem Besuch der bordeigenen Pizzeria stand. Morgens servierte der Zimmerservice ein Frühstückstablett auf den Balkon. Ein bisschen dekadent fühlte sich das an, als wäre man eine russische Großfürstin in einem mondänen Badeort anno 1890. Mittagessen und Kaffee holte man sich am Büfett. Das war praktisch, weil wir uns den Tag auf diese Weise völlig frei einteilen konnten.

Auch das Publikum war anders. Kreischende italienische Teenager führten am Galaabend ihre Ballkleider aus, spanische und holländische Kinder tobten in den drei Swimmingpools, und ältere französische Ehepaare bevölkerten die vielen Cafés und Bars, als säßen sie im *Café de Flore* oder im *Les Deux Magots* auf dem Boulevard Saint-Germain. Mit anderen Worten: Es ging deutlich lebhafter und internationaler zu.

Wenn die philippinischen Stewards mich im Gang mit »Buon giorno!« begrüßten, fügte diese Mischung aus Asien und Italien der bunten Szenerie eine besonders exotische Note hinzu. Ich fühlte mich, als wäre ich in ein ganz neues Land gereist.

In Sachen Ambiente und Glamour kam ich ebenfalls auf meine Kosten. Die Deutschen stehen bei der Einrichtung ja eher auf schlichte Formen und gedeckte Farben. Ich falle in dieser Hinsicht etwas aus der Reihe. Mir kann es bei der Deko nie üppig genug sein: Zwischen glitzernden Treppen, goldenen Aufzügen, bunten Kronleuchtern und gigantischen Skulpturen fühle ich mich pudelwohl. So gesehen war auch die Schiffsausstattung, eine Mischung aus italienischer Oper und Las Vegas, für mich genau das Richtige.

Und dann erst die Kabine! Von den kleineren, älteren Schiffen war ich enge Kojen gewöhnt, in denen man sich nur umdrehen konnte, wenn mindestens ein Bett hochgeklappt war. Doch diese Kajüte war groß und bequem wie ein Zimmer in einem Luxushotel. Jeden Abend saß ich auf meinem Balkon und schaute mir den Sonnenuntergang an. Und selbst den Kaffee am Büfett gab es rund um die Uhr, sodass ich mir Nachschub holen konnte, wann immer ich wollte.

Auch vom Deck aus lässt sich natürlich die morgendliche Einfahrt in einen neuen Hafen und das Anlegemanöver beobachten, genauso wie das Ablegen am Abend und das allmähliche Verschwinden der Leuchtturmlichter in der Dunkelheit. Dies mit anderen Reisenden gemeinsam vom obersten Deck aus zu genießen, verleiht den Ereignissen eine besonders feierliche Note. Doch es kann auch drängelig werden, da sich die »Kameramänner« mit ihren sperrigen Utensilien immer als Erste auf Position begeben. Für uns andere bleiben da nur die Plätze auf den hinteren Rängen.

Vom eigenen Balkon hingegen lässt sich die Welt auch im Schlafanzug betrachten. Das morgendliche Einlaufen in den Hafen von Casablanca kann man sogar mit der Zahnbürste im Mund verfolgen. Platz an der Reling ist immer genug!

Und wer hat schon Lust, sich mitten in der Nacht extra etwas anzuziehen und mehrere Treppen zu überwinden oder in einen Aufzug zu steigen, um die Durchfahrt durch die Säulen des Herakles nicht zu verpassen? Vom Mittelmeer in den Atlantik zu gleiten, das will man doch bewusst miterleben. Auch wenn sowohl Gibraltar auf der einen wie auch Ceuta auf der anderen Seite sich nur durch ihre Lichter bemerkbar machen, ist die Passage zwischen Europa und Afrika doch immer ein erhabener Seefahrermoment. Im Altertum hat man jenseits der Säulen des Herakles das Ende der Welt vermutet. Und sollte nicht auch das sagenumwobene Atlantis hier liegen?

Selbst wenn sich die beiden Felsenberge nur erahnen lassen, auf dem eigenen Balkon ist man gleich mittendrin. Ruck, zuck wirft man sich den Bademantel gegen die nächtliche Kühle über, schiebt die Balkontür zur Seite und taucht tief in Mythen und Sagen ein.

Trotz 2500 Mitreisender hatte ich nie das Gefühl, in einer Gruppe unterwegs zu sein. Anders als auf der Norwegentour, wo wir nur dreihundert Passagiere waren, ich mir aber immer wie in einer Reisegruppe vorkam. Dass große Schiffe paradoxerweise eher an eine Individualreise denken lassen als kleine, erkläre ich mir vor allem mit dem Balkon und dem Büfett. Der Balkon sorgt für eine gewisse Weitläufigkeit, und durch das Büfett ist man nicht mehr dazu gezwungen, zu bestimmten Zeiten irgendwo zu erscheinen. Dieses Gefühl wie bei einer

Kaffeefahrt »Wir treffen uns hier alle wieder um Punkt zwanzig Uhr« fällt weg.

Große Schiffe haben allerdings bei vielen Kreuzfahrtreisenden keinen guten Ruf. Von kleinen Schiffen zu schwärmen scheint zum guten Ton zu gehören, selbst wenn man sich gerade auf einem 4000-Mann-Pott befindet. Mir jedenfalls gefällt das Großstädtische daran. Ein kleines Schiff ist wie ein Dorf, in dem man bald jeden Bewohner vom Grüßen her kennt, ein großes wie eine anonyme Metropole, in der du tun und lassen kannst, was du willst.

Auf dieser dritten Kreuzfahrt schaute ich mir auch zum ersten Mal die Obst- und Gemüseschnitzvorführung der philippinischen Köche an. Aus Tomaten, Fenchel, Paprika und Ananas zauberten sie ein hübsches Blumenbeet. Den ersten Cha-Cha-Cha-Tanzkurs besuchte ich auf meinem vierten Schiff, und auf dem fünften schaute ich mir selbst die Abba-Show an. Alles war weitaus interessanter, als ich vermutet hatte. Mittlerweile habe ich es mir zur Devise gemacht, überall einmal hinzugehen – egal, wie bizarr die Veranstaltung daherkommt. Was einem Spaß macht, kann einen nämlich durchaus selbst überraschen.

Jeder Kreuzfahrtnovize muss sein persönliches Traumschiff aber erst einmal finden. Das ist gar nicht immer so einfach. Großes Schiff – kleines Schiff. Expeditionsfahrt, um Land und Leute kennenzulernen, oder ein schwimmendes Freizeitressort? Deutsch oder international? Mit Schlittschuhbahn und Surfsimulator oder lieber ohne? Das alles gilt es abzuwägen und noch viel mehr.

Dazu vernebeln Vorurteile und Klischees so manchem den Blick. Unter Landratten herrscht immer noch die Ansicht, dass sich auf den Schiffen vor allem alte Leute im Abendkleid tummeln, an deren Rollator ein glitzerndes Abendtäschchen hängt.

Auch die von den Kreuzfahrtgesellschaften präsentierten Bilder geben das wahre Leben an Bord oft verzerrt wieder. In einer sonnigen Luxuswelt entspannen sich dort zwanzigjährige Models in Liegestühlen, den Caipirinha immer in der Hand. Wenn es aber weder so noch so ist, wie ist es dann?

Ich habe inzwischen zahlreiche Kreuzfahrten unternommen, auf den unterschiedlichsten Schiffen und Routen. Und jede Fahrt war anders. Lassen Sie sich also erzählen, was es wirklich heißt, eine Kreuzfahrt zu machen. Ich nehme Sie mit von der Anreise bis zur Ausschiffung, berichte vom kuriosen Alltag an Bord, den Abenteuern des Landgangs und den Entdeckungen, die Schiffsreisende auf See machen. Sogar über sich selbst lernt man einiges hinzu.

Wer seine persönliche Jungfernfahrt plant, dem helfen meine »Rettungsringe« am Ende eines jeden Kapitels mit einigen praktischen Tipps und Hinweisen, die typischen Anfängerfehler hoffentlich zu vermeiden.

Je mehr Schiffe man ausprobiert, desto mehr lässt sich entdecken. Und auch wenn das für manchen Neuling jetzt noch unvorstellbar ist: Irgendwann haben Sie sich in die erstaunliche Kreuzfahrtwelt voll integriert. Dann sitzen Sie nicht nur jauchzend auf der Wasserrutsche, sondern fiebern auch beim Bingo mit. So wie ich.

Der ultimative Einschiffungstest

Sind Sie fit fürs Schiff?

Auf einem Kreuzfahrtschiff gibt es alles, fast alles: Was Sie auf jeden Fall selbst mitbringen müssen, ist Humor. Der gehört bei jeder Kreuzfahrt nämlich ins Reisegepäck. Nur wer nicht gleich einen Tobsuchtsanfall bekommt, weil die Kabinennachbarn jede Nacht um eins polternd die Stühle auf ihrem Balkon zurechtrücken, kann sich schließlich so richtig entspannen. Deshalb wollen wir herausfinden, wie es um Ihren Humor bestellt ist. Außerdem zeigt dieser kleine Test, ob Sie ein Kreuzfahrtnaturtalent sind oder sich Ihr Potenzial erst noch entfalten muss.

> **Kreuzen (!!!) Sie einfach an, welche Antwort auf Sie am meisten zutrifft, und addieren Sie dann die Anzahl der Punkte. Die Auflösung finden Sie ganz am Schluss.**

1. *Das Taxi liefert Sie vor einem gigantischen Terminal-Gebäude ab. Eine seemännisch uniformierte Dame mit Klemmbrett weist Ihnen den Weg zur Einschiffung. Als Sie das Terminal betreten, steht da eine Schlange, die die Menschenmenge bei Aldi am*

Samstagmittag wie ein Kindergartenprojekt wirken lässt. Was geht Ihnen durch den Kopf?

☐ a) Gut, dass ich das neue Blutdruckmessgerät ins Handgepäck getan habe. Besser, ich suche mir eine ruhige Ecke und messe schon vor dem Einschiffen mal nach.

☐ b) Na, das werden wir nach der stressigen Anreise auch noch hinter uns bringen. Und dann endlich: Erholung pur!

☐ c) Auf ins Getümmel! Wo es keine Schlange gibt, lohnt es sich doch gar nicht erst mitzumachen.

2. Vor dem Büfettrestaurant Malaga hat sich eine Blondine in Offiziersuniform aufgebaut. In dem strengen und zugleich aufmunternden Tonfall einer Grundschullehrerin fragt sie jeden einzelnen Gast: »Möchten Sie sich vielleicht die Hände desinfizieren?« Dabei zeigt sie immer wieder auf den überdimensionierten Seifenspender neben sich.

☐ a) Ich bin froh, dass man sich hier so professionell um unsere Gesundheit kümmert. Ein Noroviren-Ausbruch ist schließlich kein Spaß.

☐ b) Desinfizieren ist sowieso mein Hobby. Ich gehe nie ohne ein Fläschchen Hygienegel in der Handtasche aus dem Haus.

☐ c) Nicht mit mir! Ich täusche vor, etwas vergessen zu haben, und mache auf dem Absatz kehrt. Es wird ja wohl auch einen Eingang ohne Hygiene-Wachhund geben? Lieber ein paar Noroviren als die ganze Chemie auf der Haut.

3. Ihre Kabine war ein Schnäppchen. Beim Abendessen haben Sie vor Ihren Tischnachbarn schon damit geprahlt, denn diese Trottel haben doch tatsächlich den vollen Preis hingeblättert. Das böse Erwachen folgt, als in Ihrem Zimmer mitten in der Nacht plötzlich die Wände wackeln. Hat man Sie tatsächlich direkt über dem Nachtclub untergebracht?

☐ a) Ich bin doch nicht blöd. Vor der Buchung schau ich mir die Deckpläne an.

☐ b) Den Radau bekomme ich gar nicht mit, weil ich tanzen bin.

☐ c) Unverschämtheit! Ich mache mich mitten in der Nacht auf den Weg zur Rezeption und blase denen gehörig den Marsch. Dass das Schiff ausgebucht ist und es keine anderen Kabinen mehr gibt, hält mich nicht davon ab, es immer weiter zu versuchen. Zur Not spreche ich den Kapitän persönlich an.

4. Ihr favorisierter Ausflug ist ausgebucht. Dabei hatten Sie sich gerade auf den Jarlshof auf Shetland so gefreut, weil die Wikinger nun einmal Ihr Steckenpferd sind.

☐ a) C'est la vie! Bei einem einfachen Spaziergang kann man auch viel Schönes entdecken.

☐ b) Passiert mir nie. Ich reserviere vorher immer online, wenn mir etwas wichtig ist.

☐ c) Ich bin sofort auf 180 und stauche erst einmal den Jüngling im Ausflugsbüro zusammen. Wenn ich genug Ärger mache, werden die von irgendwo noch einen Platz im Bus herbeizaubern.

5. Von der Kommandobrücke gibt der Kapitän launig durch, dass für heute Windstärke 8 bis 9 vorhergesagt sei.

☐ a) O Gott, ich wusste es! An der Rezeption lasse ich mir gleich Tabletten gegen Übelkeit geben, binde mir das im Bordshop erstandene Akupressur-Armband gegen Seekrankheit um und lege mich auf dem Rücken ins Bett. Jetzt hilft nur noch beten.

☐ b) Ich freue mich auf ein bisschen gemütliches Geschaukel. Auf so einem großen Schiff merkt man ja sonst kaum noch, dass man auf dem Meer ist.

☐ c) Bei uns in Hamburg ist Wind was anderes. Über so eine kleine Brise mache ich mir nun wirklich keine Gedanken.

6. Sie sitzen im Vortrag über Lesbos, wo Ihr Schiff am nächsten Tag anlegen soll. Die Referentin ist wohl aus dem Animationsteam rekrutiert und hat offensichtlich keine Ahnung. Allein wenn sie »Sapp-ho« sagt, bekommen Sie eine Gänsehaut.

☐ a) Den Typen kennt doch eh keiner. Wen soll das kratzen?

☐ b) Nach der Veranstaltung nehme ich sie diskret beiseite und informiere sie, dass Sappho eine berühmte Dichterin war. Dabei betone ich die korrekte Aussprache des Namens und genieße meine kleine Besserwisserei.

☐ c) Statt auf solch einer Veranstaltung meine Zeit zu vertrödeln, gönne ich mir lieber eine Massage im Spa.

7. Beim feierlichen Galadinner erscheint Ihr Tischnachbar mit Badelatschen an den Füßen.

☐ a) Das ist nicht mein Tischnachbar, das bin ich!

☐ b) Ich mustere ihn entgeistert. Was bilden sich diese Leute ein, allen anderen die festliche Atmosphäre zu verderben? Wenn der Oberkellner das nächste Mal vorbeikommt, werde ich ihn beiseitenehmen und petzen. Hoffentlich verweist er den Badelatschenträger des Restaurants.

☐ c) Das ist mir so was von schnuppe. In puncto Abendgarderobe kann mir sowieso niemand das Wasser reichen. Der Glamour, den ich ausstrahle, verwandelt jede Kantine in den Buckingham-Palast.

8. Beim Einlaufen in die Bucht einer karibischen Miniaturinsel sehen Sie, dass schon sechs andere Schiffe vor Anker liegen. Alle größer als das Ihre. Wild hupende Ausflugsbusse stauen sich auf der schmalen Zufahrtsstraße zum Hafen.

☐ a) Hätte einem nicht mal jemand vorher sagen können, was für ein Trubel hier herrscht? Auf diese Insel werde ich ganz bestimmt keinen Fuß setzen. Statt zu meinem Bus mache ich mich lieber auf den Weg zum Ausflugsbüro. Wenn die mir nicht pronto mein Geld zurückzahlen, sieht man sich eben vor dem Kadi.

☐ b) Kleine Inseln öden mich sowieso an. Ich stehe nicht auf einsame Strandspaziergänge oder Cafés, in denen sich zehn gelangweilte Kellner und fünf verzweifelte Souvenirverkäufer um mich drängeln. Ein Glück, dass wir alle gemeinsam vorbeischauen und ein bisschen Stimmung machen. Und jetzt: Avanti!

☐ c) Puh, das wird wieder ein anstrengender Tag! Zum Glück habe ich nach der Kreuzfahrt gleich einen Erholungsurlaub gebucht.

9. Auf dem Sonnendeck läuft »Atemlos durch die Nacht«. Das Animationsteam testet schon das Mikrofon.

☐ a) Super, tolle Stimmung hier!

☐ b) Wozu sollte ich auf das Deck gehen, wenn ich meinen eigenen Balkon habe?

☐ c) Auch das noch! Ich kann weder Helene Fischer noch dieses Animationsgequatsche ertragen. Jetzt muss ich meine hart erkämpfte Liege schweren Herzens aufgeben. Der einzige ruhige Ort auf diesem verdammten Schiff ist die Amaretto-Bar, und den Kaffee dort muss ich auch noch selbst bezahlen.

10. Im Tagesprogramm ist für heute Abend »Tanzen Sie mit unseren Offizieren« angesetzt. Alle Damen des Schiffs sind herzlich eingeladen.

☐ a) Was die sich hier für Geschmacklosigkeiten einfallen lassen.

☐ b) Ich stürze als Erste aufs Parkett und kralle mir den Offizier mit den meisten Streifen am Arm. Mein Mann macht ein Foto von uns beim Schwofen, das ich gleich bei Instagram poste.

☐ c) Mich wird man wohl eher unter den Zuschauern finden, doch verpassen werde ich diese Gaudi auf keinen Fall.

Auswertung:

 1) a = 1 Punkt, b = 5 Punkte, c = 30 Punkte
 2) a = 5 Punkte, b = 10 Punkte, c = 5 Punkte
 3) a = 5 Punkte, b = 30 Punkte, c = 3 Punkte
 4) a = 20 Punkte, b = 10 Punkte, c= 5 Punkte
 5) a = 3 Punkte, b = 20 Punkte, c = 10 Punkte
 6) a = 30 Punkte, b = 5 Punkte, c = 10 Punkte
 7) a = 10 Punkte, b = 1 Punkte, c = 20 Punkte
 8) a = 2 Punkte, b = 30 Punkte, c = 5 Punkte
 9) a = 10 Punkte, b = 10 Punkte, c = 2 Punkte
10) a = 0 Punkte, b = 30 Punkte, c = 10 Punkte

70 Punkte und weniger:
Könnte es sein, dass Sie die Prinzessin auf der Erbse sind? Machen Sie sich auf jeden Fall etwas lockerer, bevor Sie in See stechen. Sonst bekommen Sie noch einen Kulturschock, oder Sie stehen mit der

ersten Reklamation schon an der Rezeption, noch ehe Sie Ihre Kabine bezogen haben. Buchen Sie nicht das erstbeste Schnäppchen, sondern schauen Sie genau hin. Und vielleicht probieren Sie es zu Anfang mal mit einem kleineren Schiff. Da geht es vielleicht einen Tick altbacken zu, doch zumindest haben Sie einigermaßen Ihre Ruhe. Macht es Ihnen jedoch Spaß, sich öfter mal zu beschweren, dann sind Sie auf jedem Kreuzfahrtschiff goldrichtig.

71 bis 130 Punkte:
Sie sind schon ganz gut auf Kurs und können ohne Probleme überall mitfahren. Obwohl Sie zwischendurch mal in die Luft gehen, weil der Krabbencocktail schon aus ist, wenn Sie endlich zum Kapitänsempfang aufkreuzen, kriegen Sie sich bestimmt wieder ein. Ihr Cruise-Erlebnis können Sie noch optimieren, wenn Sie nicht alles so ernst nehmen.

Ab 131 Punkte:
Sie können glatt bei der »Deutschland-sucht-den-Superkreuzfahrer«-Show auf dem Siegertreppchen stehen! Sie machen selbst den größten Blödsinn mit. Ohne Leute wie Sie wäre die Karaoke-Bühne leer, und wir anderen hätten weniger Spaß.

Vorfreude ist die schönste Freude

Die richtige Kreuzfahrt finden

Wenn ich könnte, würde ich ja am liebsten am Ende einer Kreuzfahrt gleich wieder aufs nächste Schiff. Das kann ich mir leider (noch) nicht leisten. So habe ich die Suche nach der nächsten Reise zu meinem Hobby gemacht. Schließlich wollen Auswahl und Buchung wohlüberlegt sein. Und beim Stöbern durch die Kataloge weht mir zumindest in Gedanken das ganze Jahr über der Wind um die Ohren. Meist beginnt meine Traumreise mit einem Besuch im Reisebüro, liegt hier doch die ganze Pracht der Kataloge aller Kreuzfahrtanbieter.

»Kann ich Ihnen weiterhelfen?«

Die Angestellte hat ein adrettes Tuch um den Hals geschlungen, wie die Damen vom Lufthansa-Check-in, und schaut mich über den Rand ihres PC-Bildschirms erwartungsvoll an. Ich zucke zusammen. Eigentlich will ich mir nur einen Katalog abgreifen. Ich war zwar erst letzte Woche in diesem Reisebüro, aber vielleicht gibt es ja inzwischen neue Ware. Unauffällig ziehe ich meine Hand von der fetten Schwarte zurück, auf der vorne blaues Meer und ein weißes Schiff abgebildet sind, rechne ich doch fest damit, dass die Halstuchfrau gleich tadelnd das Gesicht verzieht und für alle Umstehenden deutlich vernehmbar ausruft:

»Aber Sie waren doch gerade erst da und haben drei Kataloge mitgenommen. Wenn das jeder machen würde! Was wollen Sie denn jetzt schon wieder?«

Das sagt sie natürlich nicht. Trotzdem trete ich »Nein danke« murmelnd den Rückzug an. Meist betrete ich das Reisebüro nicht mal, sondern durchwühle nur den Ständer mit den Katalogen vor der Tür. Ich prüfe nämlich regelmäßig, was Neues eingetroffen ist.

Angefangen hat es ganz harmlos. Nachdem mich das Kreuzfahrtfieber einmal gepackt hatte, bewegte ich mich zunächst nur auf den einschlägigen Kreuzfahrtplattformen und suchte mir etwas Nettes aus, ohne zu buchen. So, wie andere ständig Fernsehen schauen, surfte ich am Bildschirm durch Kreuzfahrtangebote.

Schon bald jedoch reichte mir das Surfen im Netz nicht mehr. Das Dumme dort ist nämlich, dass einem nur das gezeigt wird, was man sucht. Ich aber wollte auch auf Kreuzfahrten stoßen, von denen ich gar nicht wusste, dass sie existierten. Deshalb wechselte ich in die analoge Welt über und holte mir eines schönen Tages im Reisebüro meinen ersten Katalog.

Mein spezielles Faible bringt mich des Öfteren in diese peinlichen »Kann-ich-Ihnen-weiterhelfen?«-Situationen. Aber das Katalogstudium birgt für mich einen besonderen Reiz. So kann ich meiner Leidenschaft nämlich auf dem eigenen Balkon nachgehen und brauche dazu nicht einmal das Meer. Während ich so vor mich hin blättere, plane ich weitere Touren im Kopf, halte nach neuen Routen und Schiffen Ausschau und staune darüber, was sich die Reedereien alles einfallen lassen, um uns auf ihre Kähne zu locken.

Die Ständer vor einem Reisebüro erleichtern mir normalerweise mein neuestes Hobby, weil ich ganz bequem an der Beute vorbeischlendern kann. Ich habe eine Methode entwickelt, wie ich buchstäblich en passant blitzschnell zuschlage. Wie ein Trickdieb. Allerdings kommt es immer mal wieder zu leichten Störungen im Ablauf – etwa weil ich, die Hand schon ausgestreckt, plötzlich merke, dass ich das avisierte Exemplar bereits habe. Und schon guckt jemand. So wie jetzt gerade.

Manchmal bin ich gezwungen, doch die Räumlichkeiten zu betreten, um nach einem Katalog zu fragen. Meistens dann, wenn die Reedereien so exotisch sind, dass das Reisebüro noch nie etwas von ihnen gehört hat. Die eifrigen Angestellten legen sich dann mächtig ins Zeug, um mich glücklich zu machen, was meinen Intentionen aber entgegenläuft, will ich doch am liebsten gar nicht auffallen.

Der Wunsch, mein Steckenpferd undercover zu betreiben, liegt an der gigantischen Menge Katalogmaterial, das ich zusammenraffe. Ich könnte Lkw-weise Kreuzfahrtverzeichnisse nach Hause transportieren, ich hätte trotzdem ruck, zuck alles gelesen.

Auf dem Stapel in meinem Regal findet sich von Expeditionsfahrten auf Eisbrechern für 30 000 Euro (für die mir das nötige Kleingeld fehlt) bis zu Schnupperausflügen auf der Mosel mit Weinprobe (für die ich mich noch zu jung fühle) sämtliches Informationsmaterial, das die Welt der See- und Flussreisen zu bieten hat. Zum Glück auch genug Erschwingliches und Spannendes, das ich auf meine mentale To-see-Liste setze.

Mit erschwinglich meine ich Reisen, die in etwa das kosten, was Sie auch für einen Urlaub in einem guten Hotel zahlen. Und um mal eine Hausnummer zu nennen: 800 bis 1 000 Euro pro Person für eine Woche in einer Balkonkabine sollten Sie schon veranschlagen. Sonst müssten Sie zum Schnäppchen greifen oder eben eine günstigere Kabine nehmen. Nach oben sind den Preisen natürlich keine Grenzen gesetzt.

Leider kann ich in Reisebüros nicht wie in normale Geschäfte dreimal am Tag hereinschneien und in den Auslagen herumstöbern, ohne dass es jemanden schert. Ich würde viel lieber in den von mir frequentierten Reisebüros, genauso wie in einer Kettenbuchhandlung, einfach ans Regal gehen, die neuesten Kataloge herausziehen und damit zur Kasse gehen. Ja, ich würde für die Kataloge sogar zahlen! Was für die einen der Einkaufsbummel ist, ist für mich nämlich die Pirsch nach den Kreuzfahrtkatalogen.

Damit Sie meine große Leidenschaft verstehen lernen, möchte ich Sie zu einer kleinen Leserunde auf meinen Balkon einladen. Nehmen Sie sich einen Begrüßungscocktail vom Tablett und machen Sie es sich auf dem Liegestuhl bequem! Und dann schlagen Sie bitte eins der für Sie bereitliegenden Katalogexemplare auf!

Fangen wir mit einer Reise an, die von Rio de Janeiro nach Valparaíso in Chile gehen soll. Da ich bis jetzt nur ein einziges Mal in Südamerika war, würde ich mir gern mehr von diesem faszinierenden Kontinent ansehen. Ich könnte den Trip sogar mit einem Besuch bei meinen Freunden Andrea und Marcello kombinieren. Die beiden sind nämlich am Zuckerhut zu Hause, und ich würde sie gern mal wieder besuchen.

Die Häfen auf dieser Route sind auf der Grafik in unserem Katalog mit einem dicken Punkt markiert. Alle Punkte sind miteinander durch eine Linie verbunden. So ist die ganze Route schön zu erkennen. Darunter befindet sich eine Art Fahrplan. Hier sehen Sie, wann der entsprechende Hafen angelaufen wird und wie viele Stunden das Schiff dort liegt.

Die Südamerikatour startet am 8. Dezember um acht Uhr abends in Rio de Janeiro, am nächsten Morgen wird der Anker vor Búzios geworfen, einem paradiesischen Badeort. Dort liegt das Boot bis sechs Uhr abends, bevor es dann weiter in Richtung Süden geht. Auch alle weiteren Stopps dauern mindestens zehn Stunden.

Wir hätten also immer einigermaßen Zeit, einen Ort zu erkunden. Das ist mir wichtig. Ein Tag pro Ort ist ja schon nicht die Welt, bei beispielsweise nur fünf oder sechs Stunden Aufenthalt fällt die Entscheidung, welche Sehenswürdigkeit man besichtigen soll, natürlich noch ungleich schwerer.

Darüber hinweg tröstet mich dann, dass ich vielleicht schon bald auf einer anderen Kreuzfahrt wieder vorbeischaue. Während man bei einem herkömmlichen Urlaub ein Fleckchen Erde gründlich erkundet, erfolgt das bei Kreuzfahrten eben manchmal in Etappen.

Manche Leute haben ganz eigene Strategien entwickelt, um mit dem kurzen Verweilen umzugehen. Auf einer Kanarentour erzählte mir eine Frau, dass sie und ihr Mann immer erst eine Kreuzfahrt buchten. Das Jahr darauf schlügen sie dann dort ihre Zelte auf, wo es ihnen am besten gefallen habe, und schauten sich alles gründlich an.

Doch zurück zu unserer Reise. Was erfahren wir noch? Beispielsweise, dass sie 29 Tage dauert.

Wer hat denn so viel Zeit?, höre ich Sie aufstöhnen.

Wo Sie recht haben, haben Sie recht. Auch für mich ist die

lange Dauer ein K.-o.-Kriterium, wie vermutlich für die meisten von uns, die im Berufsleben stehen.

Auch der Termin gefällt mir nicht: Die Reise schließt die Weihnachtstage mit ein, die ich lieber im Kreise meiner Lieben verbringe. Auch sonst ist diese Saison keine einfache Zeit für Kreuzfahrtreisende, da sämtliche Reedereien dann die Preise erhöhen. Wer zu Weihnachten oder Silvester in See stechen will, muss dafür einiges mehr hinblättern.

Reisen, die mich auf den ersten Blick ansprechen, markiere ich. Wenn ich mich ein bisschen entspannen will, zücke ich immer meine Lieblingskataloge und werfe einen Blick auf die gekennzeichneten Seiten.

Doch die 29-Tage-Tour bekommt weder ein Eselsohr, noch klebe ich einen Post-it an die Stelle, um sie später leicht wiederzufinden. Auch mit den Preisen, Kabinenkategorien oder der Ausstattung des Schiffes beschäftige ich mich nicht weiter, wenn eine Reise erst einmal ausgeschieden ist.

Blättern wir weiter. Auf der nächsten Seite zeigt die Karte hier eine zwölftägige Reise, die wieder in Rio beginnt, aber bereits in Buenos Aires endet.

Kommt die Fahrtdauer für Sie eher infrage? In Gedanken sehe ich Sie nicken.

Bei dieser Tour liegt das Schiff ebenfalls an den meisten Tagen von acht Uhr morgens bis sechs Uhr abends im Hafen. Einigermaßen Zeit, um die jeweilige Stadt zu besichtigen, hätten wir also. Und es gibt nur einen einzigen Seetag, an dem man sich auf offenem Meer befindet.

»Ist das bei einer zwölftägigen Kreuzfahrt mit zwei langen Flügen hin und zurück nicht zu stressig?«, fragen Sie. »Man will doch nicht jeden Tag irgendwo anlegen. Einfach nur entspannen und das Bordleben genießen, das ist doch herrlich.«

Ein guter Punkt, kommt es hier doch auf die richtige Mischung an. Und die sieht für jeden anders aus. Ich selbst bevorzuge Reisen mit wenigen Seetagen. Schließlich will ich etwas sehen von der Welt! Die Atlantiküberquerung, von der viele träumen und bei der fünf Tage auf dem Meer anstehen, wäre für mich der reinste Horror – selbst wenn sie auf der nachgebauten *Titanic* erfolgte.

Nur ein Seetag für eine zwölftägige Reise ist tatsächlich wenig. Zwei wären angemessen. Man will sich schließlich auch einmal ausruhen.

Lassen Sie uns trotzdem den Preisteil des Katalogs zücken, um uns die Sache genauer anzuschauen. Keine Reise ist schließlich perfekt. Immer müssen Prioritäten gesetzt werden. Und mir sind zu wenige Seetage allemal lieber als zu viele.

Apropos Preislisten: Viele Reiseunternehmen schreiben die Preise inzwischen direkt unter die Routen, aber einige haben nach wie vor extra Preislisten. Da müssen Sie dann ewig in einer beigelegten Broschüre oder irgendwo hinten im Katalog herumblättern, um sich schlauzumachen. Und dann finden Sie mal Ihre Lieblingsroute wieder!

Hm, diese Preisliste verrät, dass eine Balkonkabine pro Person um die 4 000 Euro kostet. Die Flüge sind darin noch nicht enthalten. 4 000 Euro für zwölf Tage plus Langstreckenflug?

»Geht's noch?«, höre ich Sie grummeln.

Es handelt sich übrigens um den Katalog eines Anbieters mit mittelgroßen Schiffen. Das wird extra betont, um zu suggerieren, dass hier nicht Krethi und Plethi mit von der Partie sind.

Sie können sich das ja mal genauer anschauen, wenn Sie es ein bisschen exklusiver mögen und Geld für Sie keine Rolle spielt. Wer nicht mit der Masse unterwegs sein will, muss dafür eben mehr hinblättern.

Lassen Sie uns doch lieber einen Blick in den Katalog einer deutlich günstigeren Reederei werfen. Nicht überall müssen Sie schließlich ein mittleres Monatsgehalt hinlegen. Woanders bekomme ich neun Tage bei den Cariocas und Gauchos schon für 1 300 bis 1 600 Euro, je nach Kabinenkategorie – und zwar mit Balkon! Buche ich rechtzeitig, kann ich sogar noch einen Frühbucherrabatt einstreichen. Den Flug muss ich auch hier hinzuzahlen.

Aber leider springen mir auch da schon die Schattenseiten dieser neuen Tour ins Auge: Ganze drei Tage werden auf See verbracht, und die Liegezeiten in den Häfen sind deutlich kürzer. Wird also nichts aus einem romantischen Bummel allein durchs Fischerdorf, wenn die Mitreisenden ihren Tagesausflug längst hinter sich haben und mit einem Aperitif an der Bar sitzen. Bei nur sechs Stunden Aufenthalt wird es da zeitlich ziemlich eng.

Wenn die Kunden schon so günstig reisen, denkt sich wohl die Kreuzfahrtgesellschaft, sollen sie doch wenigstens ordentlich Geld an Bord ausgeben. Und je mehr Zeit wir in einer der schiffseigenen Bars oder im Casino verbringen, desto mehr bleibt natürlich hängen. Dafür kostet diese Reise nur die Hälfte der anderen.

Warum überhaupt in die Ferne schweifen? Das Mittelmeer ist schließlich immer eine gute Adresse. Wieder sehe ich Sie vor meinem geistigen Auge zustimmend nicken.

Das Mare Nostrum, »unser Meer«, wie die alten Römer es nannten, führt bei uns Deutschen schließlich die Hitliste der Destinationen an – vor Nordsee und Nordmeer, den Kanaren, der Ostsee und der Karibik. Nun, das Mittelmeer bietet eben eine Riesenauswahl, man kann immer etwas Günstiges ergattern, und die Kosten für die Anreise bleiben überschaubar.

Leider können interessante Ziele wie Syrien, Libyen oder Tunesien wegen der politischen Lage nicht mehr angelaufen werden. Auch Alexandria und das Rote Meer sind nicht mehr so richtig gemütlich. 2014 war die Aufregung groß, als Raketenteile auf ein Kreuzfahrtschiff fielen, das gerade den Hafen von Ashdod in Israel verließ. Passagiere und Besatzung kamen zum Glück mit dem Schrecken davon.

Und jetzt ist auch noch Istanbul aus dem Katalog vieler Anbieter verschwunden. Selbst im Urlaub können wir der Weltlage also nicht entfliehen, obwohl unsere Schiffe einen weiten Bogen um die Krisengebiete machen.

Zum Glück lässt uns wenigstens die Adria nicht hängen. Und meine Mutter, die anders als mein Freund Kreuzfahrten genauso liebt wie ich, würde gern »endlich mal mit dem Schiff an dieser entzückenden kleinen Kirche von Kotor vorbeifahren«, die in wirklich jedem Katalog abgebildet ist.

»Aber warst du nicht bereits in Montenegro?«, frage ich verwundert.

»Doch, aber ich bin noch nie mit einem Schiff an der Kirche vorbeigefahren. Das sieht immer so schön aus im Fernsehen, wenn Morten Hansen seinen Ozeankreuzer da vorbeisteuert.«

Zugegeben: Auch bei mir kleben bei den Adriarouten schon

einige gelbe Zettel. Diese Route ist Standard, fast jeder Anbieter hat sie im Programm.

Leider gibt es hier jedoch eine andere bittere Pille zu schlucken: Die originelleren Routen haben eindeutig die kleinen Schiffe. Wenn Ihnen Menschenmassen ohnehin ein Gräuel sind und die Riesenpötte daher für Sie ausscheiden, geraten Sie an dem Punkt natürlich nicht in einen Zwiespalt. Für mich hingegen ist das jedes Mal eine schwierige Entscheidung, bei der ich mal in die eine, mal in die andere Richtung tendiere.

Bei den großen Schiffen sieht die Adriaroute etwa so aus: Venedig – Bari – Katakolon – Santorin – Piräus – Korfu – Kotor – Venedig.

Die italienische Lagunenstadt ist genauso wie das Mittelmeer immer eine gute Adresse. Auch in Bari habe ich Freunde, die sich über einen Besuch freuen würden. Nach Santorin und Athen haben mich meine Wege ebenfalls schon geführt, dort gibt es aber genug zu sehen, um noch einmal zurückzukehren. Korfu indessen kenne ich gar nicht, und Kotor ist der Auslöser, die Reise überhaupt zu unternehmen. Wegen der entzückenden kleinen Kirche, versteht sich.

Der große Haken an der Sache ist Katakolon, der Hafen auf dem Peleponnes, von dem aus man die Ruinen von Olympia besichtigen kann. Diese Sehenswürdigkeit habe ich bereits besucht und Sie vermutlich auch, wenn Sie schon einmal im östlichen Mittelmeer unterwegs waren. Katakolon selbst schien mir nur aus einer staubigen Straße und ein paar Souvenirläden zu bestehen. Was also könnte ich dort ein zweites Mal unternehmen? Die vom Schiff angebotenen Ausflüge helfen hier nicht weiter, weil sich alles nur um Olympia dreht. Gar nicht von Bord gehen und den Tag im Spa verbringen? In ein Taxi springen und mich durch die Gegend kutschieren lassen? Wenn Sie hierzu eine Lösung parat haben sollten, würde ich die gern hören!

Weil ich also nur zwei Orte aus dem Angebot noch gar nicht kenne und wegen des Katakolon-Pferdefußes, ist diese Adriaroute für mich dann doch nicht attraktiv genug. Einer der Nachteile von großen Schiffen ist eben, dass sie aufgrund ihrer Größe nicht jeden Hafen anlaufen können. Das große Plus an diesem 3 000-Passagiere-Kutter wäre allerdings, dass eine Balkonkabine nur mit etwa 1 000 Euro zu Buche schlagen würde.

Die Routen der kleinen Schiffe sind sehr viel inspirierter. Sogar ein geheimnisvolles Land wie Albanien ließe sich auf diesem Wege entdecken. Schauen wir uns doch mal zwei Routen mit Schiffen für vierhundert Passagiere an. Bei Ersterem liegt die günstigste Außenkabine, die aber sicher nicht die beste ist, auf einer achttägigen Adriaroute bei 1 500 Euro. Albanien ist inklusive, ein Balkon jedoch nicht. Den gibt es hier gar nicht.

Das andere Schiff steuert zusätzlich zu Kotor und Albanien die Liparischen Inseln an. Das wäre doch mal was! Von Vulkaninseln kann ich gar nicht genug kriegen. Doch zu früh gefreut! Hier kostet die günstigste Außenkabine auf einer neuntägigen Fahrt 2 400 Euro, und einen Balkon hat man dafür immer noch nicht. Dann müsste man die Suite für 4 300 Euro buchen. Albanien ohne Balkon oder Balkon ohne das Land der Skipetaren – das ist hier die Frage.

Kommt Zeit, kommt Rat. Wir lassen die gelben Aufkleber bei den unterschiedlichen Adriarouten und vertagen die Entscheidung auf später. Vielleicht bringt die nächste Planungsrunde mit aktuellen Katalogen neue Erkenntnisse.

Wie sieht es bei Ihnen aus? Was gibt bei Ihnen den Ausschlag für Ihre Entscheidung: die Route oder das Schiff?

Die Reedereien hätten es ja gern, dass wir uns für Letzteres entscheiden. Jedes Jahr lese ich in der Rubrik über die neuesten Kreuzfahrttrends, das Schiff sei jetzt das Ziel und nicht etwa die Reise. Doch obwohl ich mehr als bereit bin, mich von umwerfenden Surf-Simulatoren und Cocktail-Mixrobotern verführen zu lassen, hat es bisher leider nicht geklappt. Die Route ist bei mir Trumpf. Selbst die Schiffe mit Schlittschuhbahn, mit denen ich schon lange liebäugele, würde ich nicht besteigen, wenn sie nur dort anlegen, wo ich schon war, oder hauptsächlich auf offener See herumschippern. Aber wer weiß: Vielleicht lassen sich die Kreuzfahrtgesellschaften demnächst etwas für ihre Schiffe einfallen, bei dem auch ich das Gefühl habe, es einfach gesehen haben zu müssen.

Wenn ich alle Kataloge durchgearbeitet und mit Klebezetteln versehen habe, ist das Jahr immer noch jung – und damit die Produktion der Folgekataloge in weiter Ferne. Zum Glück gibt es zum Überbrücken zusätzliche Schnäppchenprospekte. Ich surfe auch im Internet, scanne die Homepages der Reedereien und sacke tonnenweise Reiseprospekte von Aldi, Tchibo oder Lidl ein.

Dann vertreibe ich mir die Zeit mit Preisvergleichen, denn die von den Discountern angebotenen Reisen finde ich auch in meinen »richtigen« Katalogen. Ich mache mir einen Sport daraus, zu checken, wo die Preise am günstigsten sind. Schnäppchen- und Katalogpreise zu vergleichen ist allerdings ziemlich umständlich, weil die Angebote meist wie die sprichwörtlichen

Äpfel und Birnen sind. Sogar wenn es sich um exakt dieselbe Route und dasselbe Schiff handelt.

Mal ist der Flug inklusive, mal ein Getränkepaket, dann wieder die Trinkgelder. Um aufzudröseln, was in welchem Angebot enthalten und welches damit das günstigste ist, zücken Sie am besten gleich einen Taschenrechner.

Für diejenigen unter Ihnen, die zum ersten Mal in See stechen und vielleicht noch etwas genauer wissen möchten, was schon bei der Planung zu berücksichtigen ist: Im Anhang an dieses Kapitel sind einige Rettungsringe zu finden, die Ihnen sagen, über was Sie sich Gedanken machen sollten, bevor Sie ein Reisebüro aufsuchen. Vielleicht haben Sie ja auch inzwischen eigene Ideen entwickelt. Wer noch absolut keinen Plan hat, kann sich getrost in ein Reisebüro wagen. Ich habe mal für Sie getestet, auf was Sie sich da gefasst machen müssen.

»Äh, guten Tag, ich interessiere mich für Kreuzfahrten. Ich dachte, das könnte ich auch mal machen.«

Wahrscheinlich ist meine Darstellung einer unentschlossenen Reisenden maßlos überzogen. Tatsächlich bin ich sogar aufgeregt. Und das, obwohl ich völlig inkognito unterwegs bin, weil dieses Reisebüro keine Ständer draußen stehen hat und man mich daher hier nicht kennen kann.

»Was hätten Sie denn gern?«

Die Frau auf der anderen Seite des Schreibtisches ist um die vierzig Jahre alt, hat einen pechschwarzen Pagenkopf, einen sehr blassen Teint und eine goldene Brille. Ihre Stimme klingt völlig gelassen und ultrakompetent. Man merkt sofort, dass Leute, die von Tuten und Blasen keine Ahnung haben, ihr täglich Brot sind.

Ich setze eine angestrengte Miene auf, als würde diese Frage mich komplett auf dem falschen Fuß erwischen, und schweige.

»Wohin wollen Sie denn?«, versucht sie es noch mal.

»Ähm«, entgegne ich zögernd.

»Vielleicht ins Mittelmeer?«, schlägt sie vor.

»Das ist wohl am beliebtesten?«, frage ich und fühle mich nun endgültig minderbemittelt.

»Bei unseren Kunden ist zurzeit der Norden noch populärer.« Sie klingt freundlich und beseelt. Und kein bisschen belehrend.

Ich nicke unentschlossen.

Sie erkennt, dass wir wohl heute keine Buchung mehr auf die Reihe kriegen werden.

»Vielleicht darf ich Ihnen erst mal ein paar Kataloge mitgeben?«

Aber logo, denke ich und nicke wieder.

»Ich gebe Ihnen für den Anfang vielleicht mal die von *Aida* und von *Mein Schiff* mit. Die waren auch gerade im Fernsehen, und dort wird Deutsch gesprochen. Das ist für unsere Kunden in der Regel sehr wichtig. Auf einigen anderen Schiffen ist Englisch die Bordsprache, da fühlen sich viele nicht so wohl.«

»Ich kann Englisch«, platzt es aus mir heraus.

Obwohl mir vollkommen bewusst ist, dass ich gerade aus der Rolle falle, kann ich ihre Vermutung, es würde mir an Englischkenntnissen mangeln, nicht auf mir sitzen lassen. Wir befinden uns in direkter Nähe zum Kaufhof, wo ich kürzlich eine Verkäuferin in der Fleischabteilung so souverän mit ein paar chinesischen Touristen auf Englisch über Schinken habe parlieren hören, dass ich verblüfft stehen geblieben bin. Und jetzt denkt die, ich könnte kein Englisch?

Sie schaut mich so zweifelnd an, als hätte ich behauptet, fließend Finnisch oder Japanisch zu sprechen.

»Dann kann man natürlich auch so etwas wie *Norwegian*, *MSC* oder *Costa* nehmen.«

Ich falle wieder zurück in meine Rolle und verziehe selbst bei dem Namen *Costa* keine Miene, obwohl diese Reederei ja nun wirklich auch außerhalb der Kreuzfahrtwelt jeder kennen dürfte.

Auch unterdrücke ich meinen Impuls, sie zu korrigieren. Schließlich ist bei den aufgezählten Reedereien Deutsch eine der Bordsprachen, und Sie benötigen keinerlei Englischkenntnisse.

»Vielleicht buchen Sie erst einmal eine Reise, die nicht so viele Seetage hat«, rät sie mir.

Das würde ich natürlich sowieso nicht tun, wie Sie wissen. Doch die Erklärung der Schwarzhaarigen ist mir neu. Ich setze ein fragendes Gesicht auf.

»Wissen Sie, das ist wegen der Übelkeit. Wenn Sie noch nie auf See unterwegs waren, dann ist es besser, wenn Sie öfter an Land sind.«

Ihre Erklärung macht nur begrenzt Sinn, aber ich weiß aus eigener Erfahrung, was sie meint: Wenn man nachts flach auf dem Rücken im Bett liegt, ist die Schaukelei besser zu ertragen. Und tagsüber befindet man sich sowieso im Hafen.

Ich deute ein weiteres Nicken an.

Sie erhebt sich von ihrem Stuhl, sodass ich ihr perfekt sitzendes Businesskostüm von allen Seiten bewundern kann, tritt zu den Regalen, schiebt sie hin und her und drückt mir zwei besonders dicke Wälzer in die Hand.

Exemplare solch populärer Anbieter besitze ich natürlich längst zuhauf. Aber ich kann die gute Gabe wohl kaum ablehnen und werde die fetten Teile folglich zum Einkaufen mitschleppen müssen.

Sie drängt mir noch ihre Visitenkarte auf, damit ich nicht vergesse, bei wem ich meine Buchung vornehmen sollte.

Als ich endlich in der U-Bahn sitze, die Arme schwer vom Herumtragen der zusätzlichen drei Kilo, erwäge ich, die Kataloge einfach neben mir auf dem Sitz liegen zu lassen. Doch dann schaue ich prüfend noch einmal auf die Titelblätter und gerate ins Grübeln. Kenne ich den mit der Landkarte vorne drauf wirklich schon? Ich kann mich an keine Landkarte erinnern. Also schleppe ich doch alles mit nach Hause, wo ich beglückt feststelle, dass die Kataloge tatsächlich nagelneu sind. Der Gang ins Reisebüro hat sich also auch unter diesem Gesichtspunkt gelohnt.

Rettungsringe für Anfänger

Bevor Sie sich zum ersten Mal auf den Weg ins Reisebüro machen, stellen Sie sich einfach die folgenden Fragen! Denken Sie aber auch daran, dass Kreuzfahren keine Wissenschaft ist. Einfach buchen und losfahren ist auch eine gute Idee.

Wo Sie buchen ist weniger wichtig als der Zeitpunkt. Ein Dreivierteljahr vor der Reise erhalten Sie vielleicht noch einen Frühbucherrabatt. Je näher Sie am Reisezeitpunkt dran sind, desto eher haben Sie wiederum die Chance, sie zum Schnäppchenpreis zu ergattern. Wenn Sie Pech haben, ist Ihre Passage aber schon weg.

♦ *Wohin wollen Sie reisen?*

Wie Sie an meinem Reisebüro-Abenteuer sehen, wird Ihnen diese Frage zuerst gestellt. Wenn Sie keine eigene Meinung haben, berät man Sie. Schön ist es überall. Einige Reisegebiete sind allerdings teurer als andere. Beispielsweise zahlen Sie für Nordeuropa mehr als für den Süden.

♦ *Wann soll es losgehen?*

Auch hier gilt: Der Preis variiert. Ferienzeiten und Feiertage treiben den Preis in die Höhe. Zudem gibt es für die meisten Weltgegenden eine Saison. Für die Ostsee werden Sie über Weihnachten kaum Angebote finden. Da sind die meisten Schiffe und Urlauber nämlich in der Karibik unterwegs.

♦ *Wie lange soll die Fahrt dauern?*

Das Angebot reicht von dreitägigen Schnuppertörns bis zu viermonatigen Weltumsegelungen. Die meisten Kreuzfahrten liegen bei einer, zwei oder drei Wochen. Auch zehn oder zwölf Tage stehen zur Auswahl. Da jeder Tag an Bord zu Buche schlägt, ist länger logischerweise auch teurer. Eine weite Anreise amortisiert sich aber vielleicht eher durch einen längeren Aufenthalt.

- *Mit wem und mit wie vielen Leuten sind Sie unterwegs?*

Die Katalogpreise gelten in der Regel für eine Person in der Zweierkabine. Wird eine Einzelkabine gebucht, zahlen Sie einen Aufschlag auf den Preis von etwa 80 Prozent. Günstig dagegen fährt man oft mit Kindern. In der gebuchten Kabine reisen sie bis zu einem bestimmten Alter kostenlos mit. Sowohl der Einzelkabinenzuschlag wie auch der Kinderrabatt variieren von Anbieter zu Anbieter.

- *Wie hoch ist Ihr Budget?*

Wenn Sie im Luxus schwelgen wollen, müssen Sie etwas tiefer in die Tasche greifen, als wenn Sie mit uns anderen in der Economy Class unterwegs sind. Bei den Kabinenpreisen liegen zwischen Innenkabine und Suite Welten — egal auf welchem Schiff. Kalkulieren Sie auch die Anreise mit ein und denken Sie daran, dass auch an Bord noch Kosten anfallen, etwa für Ausflüge, alkoholische Getränke und Trinkgelder. Die Massage im Spa und Ihren Einsatz beim Black Jack im Kasino müssen Sie natürlich auch extra zahlen.

- *Haben Sie Platzangst und fühlen sich in Menschenmengen unwohl?*

Dann sind große Schiffe nicht Ihr Ding. Schon im Katalog finden Sie Angaben darüber, wie viele Passagiere auf ein Schiff gehen. Das sollte Ihr Hauptauswahlkriterium sein.

- *Brauchen Sie eine Kinderbetreuung, ein veganes Menü, eine barrierefreie Umgebung oder gleich ein Krankenhaus an Bord?* Fragen Sie einfach im Reisebüro konkret danach! Das alles und vieles mehr sollte kein Problem sein.

- *Wie stellen Sie sich Ihr Domizil auf hoher See vor?*
Innen, außen, Balkon – das erklärt sich fast von selbst. Die eine Kabine hat kein Fenster, die andere schon und die dritte sogar einen Balkon. Der heißt manchmal auch Veranda und kann unterschiedlich groß sein. Die Kabinen unterscheiden sich hinsichtlich ihrer Lage, Größe und Ausstattung. Lassen Sie sich auf dem Deckplan zeigen, was über, unter oder neben Ihrer Kabine ist. Ist für Sie – wie für mich – eine Balkonkabine der springende Punkt? Dann fallen einige Schiffe weg, weil es dort ganz einfach keine Balkons gibt. Wer Angst vor Seekrankheit hat, bucht lieber mittschiffs und weiter unten. Dort sollte man die Wellen weniger spüren. Ob Sie eine Kabine auf der Steuerbord- oder Backbordseite wählen, bestimmt auch, welche Inseln oder sonstigen Attraktionen Sie auf Ihrer Reise vom Balkon aus beobachten können und in welchen Häfen Sie die Aussicht auf Burg und Altstadt haben. Vorher Schiffsrouten und Liegeplätze herauszufinden ist aber nur etwas für ausgesprochene Tüftler.

- *Welches Publikum möchten Sie um sich herum haben?*
Ein paar Faustregeln: Ältere buchen eher klassische Kreuzfahrten auf kleineren Schiffen, bereisen Flüsse und haben

auch kein Problem damit, wenn das Ganze ein paar Tage länger dauert oder etwas teurer ist. Familien mit kleinen Kindern und Jugendliche treffen Sie zur Ferienzeit auf dem Mittelmeer. Sie sind auf großen Fun-Schiffen unterwegs, die Kinderbetreuung und reichlich Unterhaltung bieten. Dafür wollen sie nicht zu viel Geld ausgeben und bevorzugen deshalb kürzere Reisen. Auf deutschen Schiffen sind Sie nur mit Leuten unterwegs, die unsere Sprache verstehen. Englische und amerikanische Schiffe schippern die ganze Welt über die Ozeane, vor allem aber Amerikaner, Kanadier, Engländer und Australier. Bei den Italienern wie *MSC* und *Costa* ist ebenfalls die ganze Welt mit von der Partie mit Schwerpunkt Italien, Deutschland, Frankreich und Spanien. Und letztlich: je teurer, desto weniger Jogginghosen spazieren über das Deck.

Wenn die Koffer aufs Klo müssen

Anreise und Gepäck managen

Kreuzfahrten bringen Sie in die schönsten Orte der Welt und bieten Ihnen Luxus rund um die Uhr. Aber erst, wenn Sie an Bord sind. Der Weg aufs Schiff ist weit weniger komfortabel.

Doch den meisten scheint es nichts auszumachen, dass Busse und Charterflieger weder mit Massagesesseln noch einem Pool auf dem Dach aufwarten können. Sie wollen einfach nur sich selbst samt großem Gepäck schnell und billig aufs Schiff kriegen.

Ich dagegen versuche, mir die Anreisen mit einem Hauch Luxus zu versüßen. Nicht indem ich etwa erster Klasse unterwegs bin, sondern weil ich mir Zeit lasse, immer mal einen Zwischenstopp in schönen Gegenden einlege oder vor dem Ablegen noch durch eine Hafenmetropole promeniere.

Aber da ja heutzutage tout le monde im Bus anrollt, wollten meine Mutter und ich diese Form der Anreise unbedingt auch einmal testen. Man will schließlich mitreden können.

Gerade für Häfen am Mittelmeer – und dahin soll es gehen – ist die Busreise eine beliebte und günstige Alternative. 185 Euro hin und zurück haben wir für unsere Tour pro Person gezahlt. Eine Übernachtung bei der Anreise ist noch inklusive.

»Der Bus fährt um sieben Uhr morgens vor Ausgang B3

ab«, heißt es lapidar auf unserem Ticket. Hinzugefügt ist noch, dass es sich um das Terminal 1 auf der Ankunftsebene handelt.

»Wo soll das sein? Wir sind doch nicht bei uns auf dem Dorf, wo es nur eine Haltestelle gibt«, kommentiert meine Mutter diese vagen Angaben. In diesem Moment biegt unser Taxi von der Autobahn zu den Terminals ab.

Auch ich vermisse genauere Hinweise. Schließlich soll es nicht an einer Dorflinde, sondern am Frankfurter Flughafen losgehen. Und der ist immerhin der drittgrößte Airport Europas. Ich schaue noch mal auf unsere Bustickets. Haben wir irgendwelche Informationen übersehen? Vielleicht ist etwas nicht mit ausgedruckt worden? »Vor Ausgang B3« – das kann doch nicht alles sein!

»Ich kann Sie nicht näher ranbringen«, entschuldigt sich der Taxifahrer. »Da ist eine Baustelle. Dahinten sieht es aus, als hätte die Fraport ein ›Unser-Flughafen-soll-noch-ungemütlicher-werden‹-Projekt aufgesetzt.«

Er lacht über seinen Witz und hält vor Terminal A. Selbst so früh am Morgen herrscht hier schon mächtig Betrieb. Nur Busse sind keine zu sehen.

Der Weg zu Terminal B ist kein Problem, und die Ausgänge sind tatsächlich nummeriert. Das war uns nur noch nie aufgefallen. Die Tür von B3 ist jedoch verrammelt. Also weiter zu B4. Lautlos gleitet die Glastür vor uns auf, und wir stehen mitten in der Baustelle, vor der schon der Taxifahrer kapituliert hatte. Wohin denn nun? Unschlüssig blicken wir um die Bauzäune und Absperrungen herum. Weit und breit sind keine Busse zu sehen. Ratlos starren wir in die Richtung, in der wir

Letztere vermuten. Zum Glück sind wir nicht die Einzigen, die auf der Suche sind.

»Jetzt lauf doch nicht weg, Eckhard!«, schreit eine Frau und wedelt hektisch mit den Armen, während ihre bessere Hälfte zwei Monsterkoffer auf die Straße schiebt und versucht, um die Baustelle herumzugelangen. Die Kofferanhänger an dem Gepäck sehen aus wie unsere. Die wollen wohl aufs selbe Schiff!

Schon nach wenigen Sekunden kommt Eckhard zurück.

»Falsche Richtung!«, ruft er zuversichtlich und marschiert mitten in die Baustelle hinein.

Wir hinterher.

Und tatsächlich tauchen hinter den Bauzäunen einige Busse auf. Ich sehe auf den ersten Blick, dass keiner nach Genua fährt, und das Schild unserer Kreuzfahrtgesellschaft ist auch nirgends hinter der Scheibe zu erkennen. Ich blicke mich um. Wir müssten doch jetzt wieder exakt gegenüber von B3 sein, aber so ganz genau lässt sich das wegen der Baustelle nicht feststellen.

Wir dackeln weiter an einer Kolonne von Bussen entlang. So ganz falsch kann das doch hier nicht sein.

»Guck mal, Karin«, ruft Eckhard, »da ist er!«

Er weist auf einen dunkelroten, doppelstöckigen Bus. Geschafft!

Wir zeigen dem Busfahrer – Typ Wolfgang Petry in den 1980ern – unsere Tickets, und er hakt uns von seiner Liste ab.

»Mein Kollege kümmert sich um das Gepäck.«

Er streckt einen Arm zum Heckteil des Busses aus. Wir stellen uns hinter Eckhard, Karin und drei weiteren Paaren an, um dem anderen Busfahrer unsere Koffer auszuhändigen.

46

Es ist Viertel vor sieben und noch dunkel, doch in der Schlange wird schon eifrig die mangelhafte Organisation bekrittelt. Wir Teutonen tappen ja mit geblähten Nüstern durch das Leben und nehmen sofort Witterung auf, wenn etwas nicht minutiös geplant ist. Gern tauschen wir uns dann über die Defizite aus, so, wie man in England vielleicht über das Wetter redet. Mangelhafte Organisation ist für uns das Small-Talk-Thema Nummer eins. Selbstverständlich hat jeder von uns unzählige Ideen, wie man es besser machen könnte.

Ein Mann mit Baseballkappe dreht sich zu uns um und informiert uns mit besorgter Stimme: »Der Bus hat keinen Anhänger für das Gepäck, die Koffer gehen da unten nicht alle rein.«

Dem zweiten Busfahrer – Typ türkischer Türsteher – steht der Schweiß auf der Stirn, obwohl es höchstens acht Grad hat. Immer wieder lädt er Koffer aus und schiebt kleinere oder größere in die so entstehende Lücke, um jeden Millimeter Platz auszunutzen.

»Was haben die denn alle für Container dabei?«, wundert sich meine Mutter. »Wir fahren doch nur eine Woche durchs Mittelmeer. Die sind ja alle ausgerüstet, als würden sie auf Weltreise gehen.«

»Hoffentlich gehen unsere noch rein«, sage ich. »Ich habe keine Lust, meinen vor den Füßen zu haben und anschließend zwölf Stunden im Schneidersitz zu verbringen.«

Allein bei der Vorstellung schlafen mir die Füße ein.

»Tun Sie den karierten nach unten«, leitet Eckhard den ächzenden Busfahrer an.

O Wunder! Endlich sind auch die letzten Koffer untergebracht, darunter unsere. Um sicherzugehen, dass sie wirklich mitkommen, bleibe ich vor dem Bus stehen, bis die Klappe zu ist. Nicht dass sie zugunsten anderer wieder ausgeladen werden, am Flughafen zurückbleiben und der Sprengstoffroboter sie schließlich in die Luft jagt.

Ich frage mich bereits, ob es ein Fehler war, die Bustour zu buchen. Aber es kann doch wohl nur besser werden? Was soll jetzt noch schiefgehen, sage ich mir und klettere in unser Gefährt.

Mit Verspätung setzt sich unser Bus endlich um halb acht in Bewegung.

»Die könnten ja wohl mal eine Durchsage machen, welche Route wir nehmen und wann wir eine Pause einlegen«, murrt der Mann mit der Baseballkappe auf der anderen Seite des Ganges.

Auch einer Blondine mit Strass auf der praktischen Steppweste auf dem Platz vor uns reicht es jetzt schon. Energisch klappt sie ihr Kreuzworträtselheft zu, legt das Nackenhörnchen zur Seite und schwingt sich die Treppe nach unten zu den Busfahrern.

Kurz darauf ertönt eine Durchsage.

»Schönen guten Morgen allerseits. Tut uns leid, dass Sie nicht richtig informiert wurden. Wir dachten, das hätte man Ihnen alles schon vorher mitgeteilt. Ich bin der Bernd, und mein Kollege heißt Achmed. Wir sind zu zweit, damit wir uns abwechseln können. Jetzt fahren wir erst mal nach Ulm, holen dort weitere Reisende ab und machen eine Pause. Wir müssen den Fuß ein bisschen auf dem Gaspedal lassen, weil wir wegen der Koffer mit Verspätung losgefahren sind.«

»Das gibt es doch nicht«, sagt der Mann neben uns. »Seit

Düsseldorf sitzen wir hier im Bus. Die haben uns nicht mal in Frankfurt aussteigen lassen, damit wir uns die Füße vertreten können.«

Resigniert zieht er den Schirm seiner Kappe nach unten und döst ein.

Unsere extra reservierten Sitze erweisen sich als so lala. Sie sind direkt neben der Treppe, die ins untere Stockwerk führt, und da zieht es die ganze Zeit. Und das für fünf Euro Aufpreis. In der ersten Reihe sind zum Glück noch Plätze frei, und ich setze mich also ganz nach vorn. Zumindest bis Ulm habe ich erst mal freie Sicht auf die neblige Schwäbische Alb. Eigentlich ganz schön! Eine schläfrige Stimmung breitet sich aus.

Doch dann verbreitet die Kreuzworträtseltante die Hiobsbotschaft, dass es an Bord keinen Kaffee gibt. Das ist jetzt ein echter Gau. Die meisten haben sich auf den angekündigten Bordservice verlassen und weder Thermoskanne noch Stullen eingepackt. Gerade mal ein Wasser kann man sich beim Fahrer holen. Die Miene unseres Nachbarn mit der Baseballkappe lässt darauf schließen, dass jetzt Randale angesagt ist. Doch dann schnaubt er nur verächtlich und lehnt sich verschlafen zurück.

In Ulm schaltet Bernd das Navi an, um den Autohof zu finden. Der Parkplatz ist schon in Sichtweite, doch wir kreisen noch um eine Tankstelle.

»Da lang, du Idiot!«, schreit unser Nachbar mit der Baseballkappe, jetzt wieder hellwach.

Doch der Bus verfehlt ein ums andere Mal die richtige Einfahrt. Begleitet von einem kollektiven Stöhnen, ähnlich wie bei einem Torschuss der gegnerischen Mannschaft, kreisen wir weiter um die Tankstelle.

»Aber jetzt!«, feuert Eckhard, der sich schräg vor uns befindet, den Busfahrer beim nächsten Versuch an.

Diesmal klappt es, und wir rollen auf den Parkplatz. Erleichtertes Aufatmen.

Zum Glück spielt sich das alles oben im Bus ab. Unten gibt die Frauenstimme aus dem Navi so laut ihre Anweisungen, dass die Busfahrer von der Besserwisserei in der Beletage gar nichts mitbekommen.

Auf dem Ulmer Autohof lauert das nächste Problem. Ein Ehepaar in mittleren Jahren wartet schon auf uns. Sie mit lila Schmetterlingsbrille, er mit einem Ohrstecker. Neben ihnen stehen vier turmhohe Koffer in Position.

»Jetzt wird es spannend«, kommentiert unser Nachbar mit der Baseballmütze.

Achmed und Bernd tun ihr Bestes, um noch ein Plätzchen im Kofferraum zu finden. Erst mal muss alles wieder raus. Der gesamte Bus beobachtet gespannt das Gepäckspektakel. Von allen Seiten hagelt es Ratschläge, als Bernd und Achmed die Koffer erneut einräumen. Doch es hilft nichts: Die riesigen Ungetüme der Ulmer lassen sich nicht mehr hineinquetschen.

Kurz entschlossen schwingt sich Achmed die hintere Treppe hinauf, öffnet die Tür zur Bordtoilette und späht hinein.

»Lass uns die hierherstellen«, ruft er Bernd zu, der ihm prompt den ersten Koffer anreicht.

Die vier Koffer passen gerade in das kleine Kabuff.

»Aber was sollen wir denn machen, wenn wir mal auf Toilette müssen?«, fragt die Kreuzworträtseltante jetzt ganz verdattert.

»Ab jetzt werden regelmäßig Kaffeepausen eingelegt«, verspricht Achmed. Und Bernd fügt beschwichtigend hinzu: »Anders geht es nicht. Das sehen Sie doch!«

»Das ist halt Urlaub von Anfang an«, zitiert meine Mutter lachend den Slogan, mit dem die Kreuzfahrtgesellschaften gern für die von ihnen organisierte Anreise werben, sobald wir wieder sitzen.

Die Sonne kommt raus, als wir auf die ersten Alpenzacken zufahren. Das Laub hat schon sein Herbstkleid angelegt. Bei einer solchen Kulisse lässt jeder das Meckern sein. Die versprochene Kaffeepause machen wir mit Blick auf die Zugspitze, die zweite dann am Brenner. Kurz vor der Dämmerung gelangen wir endlich in den kleinen Ort im Valpolicella-Tal, wo wir übernachten sollen.

Das Mittelklassehotel ist von außen wenig bemerkenswert. Auch die Zimmer sind Standard. Allein die Rezeption ist ein echter Hingucker. Die Sitzgruppe mit zwei gigantischen weißen, verschnörkelten Thronen und einem bordellroten Leuchttisch dazwischen wirkt, als hätte Jeff Koons sie entworfen, um das Interieur eines Kreuzfahrtschiffes auszustechen. Der rote Leuchttisch ist hohl und hat die Form eines Herzens, also eigentlich kein Tisch, vielleicht ein Bidet? Definitiv ein Arrangement, das alle Blicke auf sich zieht!

Uns hatte man vorher mitgeteilt, dass für die Übernachtung Handgepäck angebracht sei, weil die Koffer im Bus bleiben würden. Bis zu Eckhard und Karin ist diese Information wohl nicht vorgedrungen, denn die Busfahrer laden ihr Gepäck wieder aus. Und damit zwangsläufig auch das von allen anderen, denn schließlich müssen die Koffer der beiden erst mal gefunden werden.

Das Abendessen haben wir schon im Bus vorbestellt. Achmed ist mit einer Liste durch die Reihen gegangen, während um uns herum schwer verhungerte Gespräche geführt wurden. Wir, als Anfänger, hatten zwar Brote dabei, haben uns aber von der Nachkriegsatmosphäre anstecken lassen und gleich das Menü gebucht.

Das erweist sich als Fehler. Denn wir hätten auch à la carte bestellen können, dann dürften wir schneller aufstehen. So sitzen wir uns nach der zwölfstündigen Fahrt noch einmal zwei Stunden durch ein italienisches Abendessen mit mehreren Gängen.

Dafür löst sich beim abendlichen Tischgespräch das Rätsel, warum das Gepäck bei einer Woche Mittelmeer so voluminös ist.

»Fahren Sie auch mit dem Bus wieder zurück?«, versuche ich mich in Small Talk.

An Karins Blick merke ich, dass etwas nicht in Ordnung ist. Sie wickelt einige Spaghetti um ihre Gabel und linst ratlos zu Eckhard hinüber.

»Nein, wir fliegen«, antwortet er mit der ruhigen, festen Stimme, die man immer dann für angebracht hält, wenn das Gegenüber ganz offensichtlich spinnt. Irgendetwas stimmt nicht. Doch ich erkenne nicht, was es sein könnte.

»Und von wo fliegen Sie zurück?«, frage ich also. Ich halte das für eine berechtigte Frage, schließlich kann man sowohl von Mailand wie auch von Nizza fliegen.

Doch seine Antwort macht mich sprachlos.

»Von Miami.«

Während wir nämlich nur eine Woche im westlichen Mittelmeer die letzte Herbstsonne tanken wollen, sind andere im Bus auf dem Weg in die Karibik – mit entsprechend großen Koffern. Denn diese Reise soll drei Wochen dauern.

Auch am nächsten Morgen geht es nach dem Motto »Morgenstund hat Gold im Mund« schon um Viertel vor acht wieder los. Die Sonne und das liebliche Scrivia-Tal versöhnen auch Morgenmuffel wie mich. Bella Italia! Selbst wenn man nur in einem Bus über die Autobahn rollt, Italien ist einfach immer schön.

Doch als wir gegen zwölf Uhr einen Hügel hinunter durch die ersten Vororte von Genua chauffiert werden, ist es mit dem Dolce Vita vorbei. Obwohl wir erst um sechs Uhr abends die Leinen losmachen sollen, schwappt von den Leuten hinter uns schon jetzt eine Hektikwelle über die Sitzlehne.

»Ja, was soll ich denn machen, wir sind erst kurz vor Genua«, schreit die Frau hinter uns ins Telefon.

Anscheinend sind Tochter und Schwiegersohn mit einem anderen Bus aus Berlin angereist und warten jetzt am Terminal auf ihre Eltern.

»Sie sind schon seit einer Stunde da«, sagt sie atemlos zu ihrem Mann, als sie das Telefonat beendet.

»Wir können ja nichts machen.« Seine Stimme klingt resigniert. Bei einem Bus, der die Koffer auf dem Klo transportiert, kann eben auch in letzter Minute noch alles schiefgehen.

Vor allem, weil Genua alles andere als übersichtlich ist. Nicht nur die Berghänge, auch mehrspurige Überführungen versperren immer wieder die Sicht. Und erhascht man einmal einen Streifen Meer, fährt der Bus schon wieder in den nächsten Tunnel.

Endlich ist die Stazione Marittima ausgeschildert, und wir

rollen in einen Zwitter aus Tiefgarage und Autobahnkreuz, um schließlich vor einer Schiebetür aus Glas zu halten.

Schon reißt eine Frau im dunkelblauen Blouson ein Schild mit dem Namen unseres Schiffes in die Höhe. Achmed und Bernd springen aus dem Bus, klappen das Gepäckfach auf und wuchten die ersten Koffer heraus. Die Frau im blauen Blouson wirft einen skeptischen Blick auf die Anhänger und beginnt, wild zu gestikulieren.

»*No, no*«, schreit sie. »Die müssen zu dem anderen Schiff.«

Sie deutet auf ein zweites Kreuzfahrtschiff, das etwa hundert Meter entfernt an einem Kai liegt.

Oha! Achmed und Bernd kratzen sich am Kopf. Dass die Koffer und Passagiere nach Schiffen getrennt abgeliefert werden müssen, hatte ihnen natürlich niemand verraten. Hinter uns ertönen schon Hupen, wir versperren anderen Bussen den Weg.

Die Leute, deren Tochter schon wartet, haben Hummeln im Hintern. Sie zerren ihre Koffer aus dem Bus, damit es schneller geht. Jetzt bricht Chaos aus. Die Szene ähnelt Bildern im Fernsehen, wenn bei einer Hungersnot große Säcke mit Mehl von den Lkws der Hilfsorganisationen verteilt werden.

Wieder einmal klopfe ich mir in Gedanken auf die Schulter, dass ich mit einem pinkfarbenen Koffer reise, der sofort zu identifizieren ist.

Nur einmal war es gar nicht so leicht. Als ich am Gepäckband im Flughafen von Rio de Janeiro stand, fuhren haufenweise rosa Koffer in allen Schattierungen an mir vorbei. Die Brasilianerinnen haben halt auch Geschmack!

»Der rosafarbene und der daneben«, muss ich nur rufen, und Achmed zerrt sie heraus.

Meine Mutter und ich pflügen mit unseren Siebensachen durch die auf ihre Koffer Wartenden. Die Frau im dunkelblauen Blouson deutet auf einen Gepäckwagen, auf den ein Arbeiter im grauen Overall unsere Koffer hievt. Sie werden direkt auf unsere Zimmer gebracht.

Bei mir ist jetzt mitten in der Stazione Marittima erst mal ein ausgiebiges Stretching angesagt. Mein Steißbein wird sich noch tagelang über die Sitzerei beschweren.

Während wir den jetzt wieder total durchorganisierten Einschiffungsvorgang durchlaufen, wundere ich mich darüber, wie chaotisch diese Fahrt war. Geradezu abenteuerlich. Vielleicht nicht wie eine Durchquerung des Hindukusch, bei der sicher einige von uns neben den Ziegen auf dem Dach hätten sitzen müssen. Aber auch nicht annähernd wie die luxuriöse Verwöhnwelt, die das Stichwort »Kreuzfahrt« suggeriert.

Selbst unsere Ankunft in Genua erweckte den Eindruck, als hätten wir gerade so die Kurve gekriegt. Und dabei waren wir doch überpünktlich.

Meine Mutter ist trotzdem zufrieden mit der Anreise. Es ist vergleichsweise günstig, man muss nur pünktlich am Busbahnhof sein und sein Gefährt finden, dann kümmern sich andere um den Rest. Egal, wie oft sich der Bus verfährt oder was sonst noch passiert, das Schiff muss auf Sie warten, denn Sie haben über die Kreuzfahrtgesellschaft gebucht. Organisieren Sie Ihre Anreise selbst, liegt die Verantwortung bei Ihnen. Blöd, wenn dann beispielsweise wegen eines Personenschadens bei der Bahn gerade gar nichts mehr geht. Verpassen Sie deswegen Ihr Schiff, müssen Sie eben hinterherschwimmen und Ihr Gepäck auf einem Floß vor sich herschieben.

Für mich überwiegen bei dieser Busfahrt die Nachteile. Da ist einmal das lange Sitzen. Verglichen mit dem, was die Reisenden in früheren Zeiten in ungefederten Kutschen bei nicht befestigten Wegen auf sich nehmen mussten, ist das natürlich ein Klacks. Doch wundert es mich jetzt nicht mehr, dass sich alle auf dem Schiff gleich nach Ankunft in den Spa begeben, um eine Massage oder so eine Behandlung mit heißen Steinen auf dem Rücken zu buchen.

Dass der Bus eben keine Massagestühle hat, ist das eine. Das andere ist, dass Umwege gefahren werden, um alle Fahrgäste einzusammeln. Ein Stopp in Ulm ist noch gar nichts. Es hätten auch gut und gern mehrere werden können. Und wegen der zwei Leute, die wir in Ulm aufgegabelt haben, musste der Bus die längere Strecke über den Brenner nehmen statt der kürzeren Tour durch die Schweiz. Auf diese Weise kann aus jeder noch so kleinen Distanz etwas werden, das einem Langstreckenflug ähnelt.

Über die Reederei gebuchte Anreisen, gleich mit welchem Verkehrsmittel, haben außerdem den Nachteil, dass sie immer mit einer Runde Warterei und Herumhockerei verbunden sind. Auch sind Sie gern mal mitten in der Nacht unterwegs. Den Ausschlag gibt nicht, was für Sie bequem ist, sondern wie es sich leicht und billig organisieren lässt.

Mein Fazit: in Zukunft lieber wieder individuell anreisen. Dann kann man auch selbst entscheiden, ob man die ganze Strecke wirklich durchbrettern will oder unterwegs noch einen Zwischenhalt einlegt. Das ist nicht nur orthopädisch sinnvoll und weniger stressig. Auf diese Weise lässt sich gleich noch ein neuer Ort erkunden.

Die Gefahr einer Verspätung bei der Bahn reduziere ich, indem ich schon am Vorabend anreise und am nächsten Morgen noch einen Kaffee auf der Piazza meines Einschiffungshafens trinke. Gegen Bahn- oder Pilotenstreiks ist leider kein Kraut gewachsen. Da hoffe ich einfach, dass wir das Schlimmste hinter uns haben. Und auch der Eyjafjallajökull wird ja, so Gott will, nicht so bald wieder alles lahmlegen.

Die Koffer sind natürlich bei allen Anreiseformen eine Herausforderung – außer, Sie fahren mit dem Auto. Doch dann müssen Sie das Auto irgendwo abstellen mit oft nicht unerheblichen Parkgebühren.

Im Zug wecken Kreuzfahrtreisende Ressentiments, weil ihre kolossalen Koffer den Gang blockieren. Am liebsten den Bereich vor den sich automatisch öffnenden Glastüren, die auf riesige Kofferberge nervös reagieren und sich dann nur noch mit wildem Rumgefuchtel vor der Lichtschranke öffnen lassen.

Streit ist auch immer dann angesagt, wenn nicht jeder seinen Koffer ordentlich über seinem eigenen Kopf verstaut hat. Was aber sollen Sie tun, wenn andere schon die Fächer über Ihnen vollgestopft haben? Einfach das Gepäck dorthin verfrachten, wo noch eine Lücke ist? Steigen dann nämlich neue Leute ein, die die Sitze unter Ihrem Gepäck reserviert haben und nun die eigenen Koffer nicht unterbringen können, sitzen Sie in der Patsche.

»Das ist unsere Gepäckablage«, argumentierte einmal eine Frau aus Kassel, die auf der anderen Seite des Ganges saß.

Ihr Mann hievte währenddessen einfach unsere Koffer herunter und ließ sie mitten auf den Gang plumpsen. Meine Mutter und ich hatten sie deshalb über dem Kopf der Kasseler platziert, weil das gesamte Gepäckbord auf unserer Seite von einer

Gruppe Kreuzfahrtreisender beschlagnahmt worden war, die über die *Stuttgarter Nachrichten* gebucht hatten. Wir befanden uns auf dem Weg nach Kiel, und die waren natürlich vor uns Frankfurtern eingestiegen.

Reservierte man die Gepäckablage tatsächlich mit, oder konnte man den Platz für die Koffer gegen eine Extragebühr dazubuchen? Hatte nur ich nichts davon mitbekommen? Ich war verunsichert.

Um für das nächste Mal besser gewappnet zu sein, fragte ich nach meiner Rückkehr von der Reise an der Information im Frankfurter Hauptbahnhof nach.

»Reserviert man die Gepäckablage über seinem Kopf mit?«, frage ich einen pausbäckigen jungen Mann, der mich daraufhin verdutzt anstarrt. Diese Frage hat er offenbar noch nie gehört.

»Nein, Sie können Ihr Gepäck abstellen, wo Sie wollen.«

Diese Antwort ist mir zu vage, ich hake nach, um jegliche Zweifel auszuräumen.

»Das heißt, dass die Leute, die dort reserviert haben, wo ich mein Gepäck abgestellt habe, keinen Anspruch darauf haben, dass ich meinen Koffer wegräume?«

»Das wäre mir jedenfalls komplett neu«, antwortet er.

Um ganz sicherzugehen, stelle ich diese Frage mittlerweile bei jedem Fahrkartenkauf. Die Antwort lautet immer gleich. Für die nächste Schlacht fühle ich mich also bestens gewappnet.

In anderen Ländern geht es wie immer entspannter zu als bei uns. Als ich einmal im Zug von Mailand nach Venedig fuhr, stolperten zwei Frauen mit einer Unzahl an riesigen Gepäckstücken herein. In italienischen Schnellzügen sieht es in puncto Gepäckablage noch düsterer aus als bei uns. Während mir Pat und Jenny erzählten, dass sie von Sydney aus angereist seien, um auf dem Mittelmeer herumzuschippern, konnte ich nur ihre Haarschöpfe sehen. Ein Stapel Taschen verdeckte ihre Gesichter. Alle, die an uns vorbeiwollten, mussten über die Schrankkoffer im Gang klettern. Doch selbst der Schaffner tat das, ohne mit der Wimper zu zucken. Niemand beschwerte sich.

Jetzt stellen Sie sich meinen Koffer bestimmt riesig vor. Dabei ist er nur von mittlerer Größe. Alle raten einem ja, nicht so viel mitzunehmen, und behaupten, dass man mit der Zeit genauer wüsste, was man überhaupt braucht. Ach ja? Bei mir ist es genau umgekehrt. Je öfter ich in See steche, desto mehr nehme ich mit.

Klar muss der Badeanzug mit. Genauso wie die Sonnenbrille. Fahren Sie aber nicht gerade in die Tropen, wären auch ein Regenmantel und eine warme Jacke nicht schlecht.

Zudem heißt es, für jeden Anlass auf dem Schiff gewappnet zu sein. Für das Fitnesstraining ebenso wie für den Kapitänsempfang. Da läppert sich schon einiges zusammen. Bei mir kommt inzwischen auch immer eine Wärmflasche mit. Die kann man nämlich nicht überall kaufen, wenn die Klimaanlage auf dem Schiff mal wieder zu kalt eingestellt ist. Und seitdem ich einmal mit einer mit heißem Wasser gefüllten Mineralwasserflasche im Bett gelegen habe, gehe ich keinerlei Risiko mehr ein.

In den Shops an Bord finden Sie zwar Kaffeebecher und Teddybären mit dem Logo des Schiffes, doch selten nützliche Utensilien. Dabei müssten Wärmflaschen mit dem Logo der Kreuzfahrtgesellschaft doch der Renner sein. Zumindest in kälteren Regionen.

Andere schleppen auch komische Sachen mit sich herum: Eine Freundin reist mit einem Vorrat an Putzmitteln an. Nicht nur auf Kreuzfahrtschiffen ist sie in dieser Sache gern unabhängig vom Personal, auch in Hotels wischt sie lieber erst mal gründlich durch, bevor sie es sich gemütlich macht.

Doch auch das ist noch gar nichts. Im Katalog einer Kreuzfahrtgesellschaft lese ich unter dem Stichwort »Gepäck«: »Hinsichtlich des Gepäcks gelten einige Einschränkungen. Fahrräder jeder Art (auch Klappfahrräder) dürfen nicht mit an Bord gebracht werden.«

Auch Tauch- und Golfausrüstungen soll der Reisende bei diesem Schiff bitte zu Hause lassen. Selbstverständlich kann man an Bord all diese Gegenstände kostenpflichtig ausleihen.

Lassen wir uns daher von niemandem einreden, das Problem wäre einfach zu bewältigen, indem man weniger einpackt. Man könne ja beispielsweise einfach die bordeigene Wäscherei beauftragen. Ich habe einmal beim Schnäppchenangebot zugegriffen und schlappe fünfzehn Euro für neun Wäschestücke gezahlt. Für neun Abendkleider oder Hemden wäre das natürlich tatsächlich eher günstig. Mir ging es aber nur darum, das Schafsblut von meiner Jeans zu bekommen. Mein rechtes Bein war im Souk von Tanger durchtränkt worden, als ein Metzgergehilfe einen triefenden Sack mit Schlachtabfällen durch das Gedränge zog. Und ich hatte eben nur die eine Jeans dabei.

Da gerade wieder eine Kreuzfahrt ansteht, überlege ich, einmal den Haus-zu-Schiff-Gepäckservice auszuprobieren. In Gedanken stelle ich mir vor, wie ich ganz gemütlich mit meinem Handgepäck im Zug sitze und jedes Mal überlegen in mich hineinkichere, wenn andere mit ihren Trolleys an meiner Armlehne hängen bleiben. Anreisen müsste ich immer noch, aber so ganz ohne großes Gepäck, das wäre doch mal was.

Als sich eine herzliche Frauenstimme meldet, erläutere ich mein Anliegen.

»Und die Kreuzfahrt soll ab Hamburg gehen?«

»Genau«, sage ich. »Und die Koffer und ich, wir befinden uns in Frankfurt.«

»Das kostet pro Strecke und pro Gepäckstück 45 Euro«, erläutert sie. »Wir holen das Gepäck bei Ihnen zu Hause ab und liefern es direkt auf die Kabine.«

»Und wann muss ich fertig gepackt haben?«

»Wir kommen zwei Tage vor der Reise zu Ihnen, Sie sagen uns, ob Sie vormittags oder nachmittags da sind, und dann geben wir Ihnen ein Zeitfenster von zwei Stunden, in dem wir vorbeikommen. Also etwa acht bis zehn Uhr oder zehn bis zwölf Uhr, allerdings nicht nach siebzehn Uhr.«

Wie bei Ikea also. Einmal unterwegs, findet man den Gepäckservice wahrscheinlich herrlich. Aber vorher?

Würde ich es schaffen, meinen Koffer rechtzeitig zu packen? Und zwar so, dass ich nicht die Hälfte vergesse und dann doch noch ein Bordcase mitnehmen muss? Und wer ist denn schon zwischen acht und siebzehn Uhr zu Hause?

Also schleppe ich mich weiter ab und setze mich den genervten Blicken der Leichtgewichtigen aus. Für die so eingesparten neunzig Euro streite ich mich zur Not auch noch um die Gepäckablage.

Ohne jetzt die Pferde scheu machen zu wollen: Einige Widrigkeiten lassen sich nicht aus dem Weg räumen – egal, welche Form der Anreise wir wählen. Und da wir uns mitsamt unseren Koffern leider nicht einfach auf das Schiff beamen können, bleibt uns eben nichts anderes übrig, als direkt nach der Anreise für

150 Euro die Akupunktur oder sogar für 179 Euro die Bambus-massage zu buchen. Solange die eigenen Koffer aber nicht in der Zugtoilette anreisen, ist alles im grünen Bereich.

Rettungsringe für Anfänger

♦ Stecken Sie lieber ein paar Müsliriegel ein, selbst wenn es heißt, dass für Proviant gesorgt ist!

♦ Ganz blöd ist es, wenn Sie einen Linienflug gebucht haben und Ihr Gepäck woanders landet als Sie selbst. Da das Schiff immer unterwegs ist, kann es dauern, bis Sie Ihren gestreif-ten Lieblingsschlafanzug und das Strandkleid vom letzten Kreta-Urlaub wiedersehen. Stattdessen müssen Sie dann wo-möglich in Winterklamotten rumlaufen wie zu Hause. Oder Sie holen sich einen überteuerten Ringelpulli aus dem Bordshop. Packen Sie das Allernötigste also lieber ins Hand-gepäck!

♦ Und wenn es ein bisschen ungemütlich wird, schadet es nie, sich wieder einmal ins Gedächtnis zu rufen: Der Weg ist das Ziel.

»Führt diese Schlange zu
unserem Schiff?«

Die Einschiffung: Erleben Sie ein neues Gruppenspiel

Sie denken, es würde bei der Einschiffung immer noch zugehen wie in alten Zeiten beim »Traumschiff«? Da liefen die Passagiere mit ihrem Koffer in der Hand die Gangway hoch und wurden vom Kapitän höchstpersönlich begrüßt. Und dann tauchte ein braun gebrannter Sascha Hehn auf, nahm ihnen das Gepäck ab und begleitete sie zu ihrer Kabine.

Heutzutage läuft es ein bisschen anders. Dafür lernen Sie bei der Einschiffung aber gleich eine echte Kreuzfahrtspezialität kennen: die XXL-Schlange.

Meine Mutter und ich haben uns dieses Mal für eine Tour in den Norden entschieden. Ein Taxi setzt uns am Kieler Ostsee-Terminal ab. Unser direkt dahinter geparktes Schiff lässt das Abfertigungsgebäude wie eine Zwergengarage erscheinen. Über 3000 Passagiere gehen auf das Schiff, und alle scheinen gleichzeitig eingetroffen zu sein. Jetzt ist es dreizehn Uhr, und bis sechzehn Uhr sollen alle an Bord sein.

»Wo geht's hier zum Schiff?«, frage ich die kreuzfahrttypische Pferdeschwanz-Frau mit Klemmbrett im maritimen Look, nachdem wir unsere Koffer losgeworden sind.

Sie zeigt in die Richtung, in der eine Schlange vor einer mit einem gelben Band versperrten Rolltreppe ansteht. Von Zeit zu Zeit presst ein Security-Mann mit wichtiger Miene ein Funkgerät ans Ohr und lässt dann einen Schwung Urlauber auf die Rolltreppe.

Obwohl ich schon in vielen Schlangen gewartet habe und in Hongkong sogar auf einer Rolltreppe einen Berg hochgefahren bin, ist es für mich doch eine Premiere, hier anzustehen. Dabei ist die Rolltreppe nicht einmal so groß wie in einem Standardkaufhaus. Stünden nicht so viele Menschen davor, würde man dieses Treppchen glatt übersehen.

»Was wohl da oben im ersten Stock passiert?«, frage ich meine Mutter.

»Die machen es ganz schön spannend.«

Wir verrenken die Hälse, um zu sehen, was geschieht, wenn es mal wieder ein paar nach oben geschafft haben. Doch dort biegen sie nur nach rechts ab und verschwinden geheimnisvoll aus unserem Blickfeld.

Endlich dürfen auch wir auf die Rolltreppe. Aber dann die Enttäuschung: Wir wenden uns nach rechts und treffen auf eine weitere Schlange. Erneut stellen wir uns hinten an.

Es ist die Art Schlange, die man uns früher im Fernsehen gezeigt hat, um die Überlegenheit unseres westlichen Systems zu demonstrieren. Offiziell ging es um so etwas wie: »In der Sowjetunion ist das Brot knapp geworden.« Dann folgte ein Bild mit frierenden Menschen mit Fellmützen, die um mehrere Häuserblocks anstanden. Mit dem Abriss der Mauer scheinen diese Schlangen jedoch aus dem Sozialismus in die Freiheit gelangt zu sein. Und majestätischer geworden sind sie auch.

Der ältere Herr vor uns, der offenbar schon Erfahrungen mit dem Prozedere vorweisen kann, klappt seinen Falthocker auf.

Wie in einer Prozession bewegen wir uns vorwärts. Das Crowd-Management funktioniert dank Absperrbändern und Schildern tadellos. Niemand drängelt.

Nach etwa zehn Minuten Anstehen befinden wir uns plötzlich in einem improvisierten Fotostudio.

»Bitte hierhin stellen!«

Die Fotografin in marinefarbener Uniform wiederholt diesen Satz ohne Pause in fünf Sprachen, während sie die Passagiere resolut in die Kulisse schiebt.

»Please stand here!« – »Per favore, si metta qua!« – »Mettez-vous ici, s'il vous plaît!« – »Pónganse aquí, por favor!«

Sie deutet auf eine Art Katheder, auf dem ein antik aussehendes Steuerrad befestigt ist. Davor hängt ein Rettungsring mit dem Namen unseres Schiffes.

Der Mann mit dem Hocker ist ihr entwischt, aber wir lassen uns brav hinter das Steuerrad bugsieren. Es gehört zu unseren Abendvergnügungen an Bord, im Foto-Shop vorbeizugucken und nach Fotos von uns zu suchen, daher haben wir nichts gegen das Shooting einzuwenden. Auch wenn die Bilder hinterher pro Stück zwanzig Euro kosten, schlagen wir manchmal zu und kaufen tatsächlich eins.

»Und jetzt die Hände bitte hierhin legen.« Die Assistentin der Fotografin deutet auf das Steuerrad. »Jetzt lächeln.«

Klick.

Die Fotografin drückt uns einen Zettel mit der Einschiffungszeit in die Hände, mithilfe dessen wir später unser Foto identifizieren können. Dann stürzt sie sich auf ihr nächstes Opfer. Und wir stehen wieder in der Schlange.

Wir defilieren an zwei Asiatinnen in balinesischer Tracht vorbei, die Flyer verteilen. Lächelnd drücken sie uns die Sonderangebote des Wellnessbereichs in die Hand.

Direkt dahinter schlängeln wir uns zwischen zwei Tischen hindurch, an denen man noch Getränkepakete buchen kann. Wir ignorieren die Getränkepakete.

»Fehlt nur noch, dass die uns einen Handyvertrag oder eine Versicherung andrehen«, sage ich zu meiner Mutter.

Doch die nächste Kreuzfahrtmitarbeiterin in blauem Pulli und weißer Hose kontrolliert nur, ob wir unsere Buchungsbestätigung und die Pässe dabeihaben.

»Das ist ein gutes Zeichen«, sagt meine Mutter, »jetzt müssten wir bald am Ziel sein.«

Und tatsächlich, es kommen mehrere Check-in-Schalter in Sicht. Die Schlange teilt sich. Dann sind wir dran. Ein Angestellter wirft einen prüfenden Blick auf unsere Dokumente und reicht sie uns dankend zurück.

»War das wieder nur eine Vorkontrolle«, frage ich irritiert, »oder hat er uns eingecheckt? Ich habe gar nicht bemerkt, dass er was gemacht hat.«

Meine Mutter schüttelt ratlos den Kopf. Doch jetzt erfolgt schon die Sicherheitskontrolle. Wir stellen uns vor einem der Transportbänder mit Scannern für das Handgepäck und den Schranken mit Metalldetektoren an. Als wir die Schranke passieren, blickt der Security-Mann von seinem Bildschirm auf, deutet auf die Handtasche meiner Mutter und sagt auf Plattdeutsch und Englisch:

»Haben Sie da ein Messer drin?«

Einige Köpfe drehen sich neugierig zu uns um.

Entgeistert starre ich ihn an. Hält er meine Mutter etwa für eine Terroristin?

Auch meine Mutter kann es nicht fassen.

»Also wirklich, das ist ja eine Unverschämtheit …« Unvermittelt bricht sie in Gelächter aus. »Ja, natürlich habe ich ein Messer dabei. Um Äpfel zu schälen.«

Meine Mutter war mal bei den Pfadfindern, sie hat immer ein Messer dabei. Selbstverständlich auch einen Löffel und eine Gabel. Wäre mehr Platz im Koffer, würde sie sicher auch ihren Schlafsack einpacken. Man kann nie wissen.

Der Security-Mann bittet sie, die Handtasche zu öffnen, und schaut sich das stumpfe Messer an.

»Also, wenn Sie damit noch einen Apfel schälen können …«, sagt er lachend und gibt uns die Taschen zurück.

Weiter geht es in dem langen Gang, der aufs Schiff führt. So ein Arm, wie man ihn vom Flughafen her kennt, wenn man in den Flieger steigt, nur viel, viel länger und mit Fenstern. »Mobiler Landgang« heißen diese Teile, die das Terminal mit dem Schiff verbinden.

Und dann haben wir es geschafft! Ein indischer Security-Mitarbeiter des Schiffes winkt uns zur Seite. Wieder werden wir fotografiert. Diese Aufnahme werden er und seine Kollegen jedes Mal auf ihrem Computerbildschirm sehen, wenn sie unsere Bordkarte scannen, wir also das Schiff verlassen oder betreten. Auf diese Weise können sie überprüfen, ob wir es wirklich sind oder sich jemand anders unserer Bordkarten bemächtigt hat.

Als wir in das mehrstöckige Atrium gelangen, verschlägt es

uns schier den Atem, so abrupt ist der Kontrast zwischen dem ernüchternden Schlangestehen im minimalistisch-funktionalen Abfertigungsterminal und der Glitzerwelt des Schiffes.

Reges Treiben herrscht in der Empfangshalle. Zwar mag der Kölner Dom größer sein, doch nicht unbedingt höher. Ein Pianist klimpert »My Way«. Einige Paare wirbeln auf der Tanzfläche unter dem pompösen Kronleuchter hin und her. Ein ganzes Geschwader von Kellnern wieselt mit hoch über den Kopf gestreckten Tabletts herum und verteilt Drinks an die Leute, die es sich in den roten Plüschsesseln bequem gemacht haben, das Handgepäck noch neben sich. Der alte Mann mit dem Falthocker hält schon einen Campari Orange in der Hand.

Die Ersten posieren bereits auf den Absätzen der imposanten Treppen, die sich rechts und links der Lobby emporschwingen und sie mit den beiden nächsten Stockwerken verbinden. Sie könnten direkt von den Kulissenbauern der *Titanic* erbaut worden sein.

»Sind wir denn jetzt eingecheckt?«, frage ich verwirrt. Es kommt mir vor, als hätten wir zwar Schlange gestanden, wären fotografiert worden, hätten verschiedene Angebote gesichtet, dann aber den eigentlichen Zweck der Aktion verfehlt. Ich fühle mich nicht ordnungsgemäß eingecheckt.

Meine Mutter zuckt nur mit den Schultern und lässt sich erschöpft in einen der Plüschsessel plumpsen. Dabei hat die ganze Aktion höchstens eine halbe Stunde gedauert. Glück gehabt.

Sicherheitshalber gehe ich zur Rezeption, um dort nachzufragen. Ich komme mir wie der letzte Paragrafenreiter vor. Doch ich möchte die Aktion mit Erfolg abschließen. Leider bin ich nicht die Einzige, die Zweifel an der ordnungsgemäßen

Einschiffung hat. Vor mir steht schon wieder eine aufgeregte Menschentraube.

Als ich endlich dran bin, reiche ich der Rezeptionistin mit bürokratischem Eifer unsere Unterlagen und Pässe.

»Ich bin mir nicht sicher, ob wir wirklich schon eingecheckt sind …«

Statt die Dokumente entgegenzunehmen, sagt sie freundlich: »Sonst wären Sie nicht hier im Schiff.«

Widerstrebend nicke ich. Ich fühle mich wie ein übermotivierter Amtsschimmel, der sorgsam in alten Akten stöbert, um zu prüfen, ob irgendwo noch ein Stempel fehlt.

»Ihre Bordkarten finden Sie auf Ihrem Zimmer«, fügt die Rezeptionistin noch hinzu, um meine letzten Zweifel auszuräumen.

Ich hole meine Mutter an ihrem Sessel ab, und wir kämpfen uns zu der Menschentraube vor den Aufzügen durch, um zu unserer Kabine auf Deck 6 zu gelangen.

Und voilà: Die Bordkarten liegen auf unseren Betten bereit, und der Steward karrt schon die Koffer heran. Meine Mutter inspiziert gleich mal die Kleiderbügel im Schrank.

Doch ich bin jetzt gerade in Schwung.

»Ich gehe noch mal runter und lasse meine Kreditkarte registrieren«, sage ich und begebe mich zurück zu den Aufzügen.

Gut, das war jetzt nicht anders zu erwarten: Vor den beiden Kreditkarten-Registriergeräten steht eine Schlange.

Während ich warte, beobachte ich nervös die Boa constrictor vor dem Ausflugsbüro. Auch wir haben unsere Ausflüge noch nicht gebucht, haben wir doch jegliches »Schlagen Sie gleich zu, um sicherzugehen, dass Sie einen Platz bekommen« für einen

Marketingtrick gehalten. Doch jetzt bekomme ich Torschluss-panik.

Zu Recht, wie sich herausstellt, als ich mich mit der registrierten Kreditkarte in der Hand hinter die zwanzig Passagiere am Ticketautomaten für die Ausflüge einreihe, deren panische Gesichtsausdrücke mir verraten, dass auch sie im Vorfeld keine Reservierung vorgenommen haben.

»Die Ausflüge morgen sind alle ausgebucht!«, ruft eine Französin um die fünfzig mit Glitzerturnschuhen ihrem Mann zu und schiebt sich blitzschnell vor das italienische Paar vor mir.

»Die haben nur Busse für 600 Leute auf dieser Insel. Und wir sind 3000. Das Ausflugsbüro nimmt keine Buchungen mehr an. Lass es uns hier noch mal versuchen.«

Jetzt klemmt sich auch ihr Ehemann in unsere Schlange, bevor die Italiener reagieren können. Auch ich bin zu verblüfft, um mich zu wehren. Wer rechnet denn schon damit, dass ausgerechnet Franzosen so dreist drängeln und Italiener sich derart übertölpeln lassen?

Die Italienerin wirft mir einen genervten Blick zu und zeigt auf die Französin.

»*Che carogna*«, raunt sie mir zu.

Ich verstehe sie nicht, aber ich weiß, was sie meint.

Als ich endlich an der Reihe bin, versuche ich trotzdem, noch ein Ticket für den angeblich ausgebuchten Ausflug zu bekommen. Sicher ist sicher. Doch der Automat zeigt mir nur genervt an: »Leider sind keine Ausflüge für diesen Tag verfügbar.«

Tja, *shit happens*. So ist das eben.

Auf Kreuzfahrten sollte man unbedingt einen kühlen Kopf bewahren, wenn mal wieder viele Leute in einer Reihe vor einem auftauchen. Schlangestehen wird hier auf wahrhaft olympischem Niveau betrieben. Mich jedenfalls würde es kein bisschen wundern, wenn daraus irgendwann eine neue Sportart entstehen würde. »Extreme Queuing« vielleicht? Oder »Schlag den Python«? So könnte sie doch heißen.

Jede Mannschaft bestünde aus mehreren Tausend Mitgliedern, die ein T-Shirt mit dem Namen ihres Schiffes trügen. Den Parcours stelle ich mir in etwa vor wie beim Springreiten. Mehrere Kontrollpunkte müssen durchlaufen werden, bei denen es im Kern darum geht, sich möglichst schnell in eine Schlange einzureihen und abgefertigt zu werden.

Die Siegerteams würden dann ruck, zuck im Gänsemarsch auf das Siegertreppchen rauf- und wieder runtersteigen und sich dabei jeder eine Medaille umhängen lassen. Dreitausendmal und in Windeseile.

Bei Extremsportarten wie Cliff-Diving oder Hai-Tauchen lauern sicher einige Gefahren mehr als bei diesem Kreuzfahrtsport. Aber Achtung! Auch bei diesem geselligen Gruppenspiel heißt es auf der Hut sein. Wer auf der Sonnenseite landen will, sollte einige Regeln beachten. Und selbst dann wird man noch manchmal ausgetrickst, so wie die Italiener und ich gerade von den dreisten Franzosen.

Die Einschiffungsschlange lässt sich als erstes Training verstehen. Ein bisschen Rumtrödeln schadet nichts, denn aufs Schiff kommt noch jeder.

Einmal auf dem Schiff, ändert sich die Gangart rasant. Das Schlangestehen entpuppt sich stellenweise als eine Variante der »Reise nach Jerusalem«. Sie kennen dieses Spiel vielleicht noch?

Einige Stühle werden in der Mitte platziert. Und zwar genau

ein Stuhl weniger, als es Teilnehmer gibt. Alle umrunden sie, um dann auf ein plötzliches Kommando hin möglichst schnell einen Sitzplatz zu finden. Wer keinen findet, hat verloren.

Auf Kindergeburtstagen habe ich dieses Spiel immer gehasst. Denn brave kleine Mädchen aus gutem Hause fliegen zwangsläufig gleich in der ersten Runde raus. Vordrängen ist schließlich pfui. Dabei ist dieses Spiel eine sehr sinnvolle Vorbereitung auf das Leben als Erwachsener. Wenn Sie also eine Kreuzfahrt unternehmen, aktivieren Sie einfach Ihre als Kind erlernten Basisfähigkeiten. Hier können sie Ihnen nützen.

Die oberste Regel an Bord lautet: überall einreihen! Und dann nicht zögern oder lange fackeln, einfach machen! Immer erst einen Platz ergattern, dann die Umstehenden fragen, wozu man ansteht. Die wissen es oft zwar auch nicht, doch irgendwann wird sich der Nebel schon lichten.

Machen Sie bloß nicht den Fehler zu denken: Die armen Trottel stehen schon wieder Schlange, das mache ich nicht mit.

Solange Sie sich noch an die Sitten eines neuen Schiffes gewöhnen müssen, ist Besserwisserei sowieso tabu. Andernfalls stehen nämlich Sie als der Trottel da. Ich spreche natürlich aus eigener Erfahrung!

Meine Mutter, meine Schwester und ich waren einmal noch dabei, ein uns bisher unbekanntes Schiff auszuspähen. Um Viertel vor sechs schlenderten wir zufällig am Restaurant vorbei, wo uns ein Pulk von Wartenden den Weg versperrte.

»Hoppla, was ist denn hier los?«, fragte meine Schwester und stellte sich auf die Zehenspitzen, um besser sehen zu können. »Ob die wohl direkt vom Kaffeetrinken gekommen sind? Die machen nach dem Kaffeetrinken wohl gleich weiter?«

Wir hatten uns gerade erst ein paar Mandelkuchen und Cappuccino-Törtchen genehmigt. Nur wenige Stunden zuvor waren wir in Gran Canaria gelandet. Unser Schiff lag noch im Hafen von Las Palmas und sollte erst gegen Mitternacht ablegen.

»Die haben wohl jetzt schon Angst, auf dem Schiff zu verhungern!«

Der billigste aller Kreuzfahrtwitze, aber ich fand mich komisch.

»Ob wir uns da jetzt auch schon anstellen müssen?«, fragte meine Schwester verunsichert.

»Auf keinen Fall! Wir essen doch nicht um sechs Uhr zu Abend. Lass uns später gehen«, beharrte ich. Wir hatten geplant, noch über den Strand an der Playa de las Canteras zu spazieren und unsere Füße im Meer zu baden.

Als wir so gegen acht, ganz die lässigen Weltenbummler, im Restaurant aufkreuzten, kam schlagartig die Ernüchterung. Jetzt noch einen Tisch für drei zu finden war schier unmöglich. Wir saßen merkwürdig über Kreuz mit fremden Leuten zwischen uns. Und wirkten manche Theken nicht, als hätte dort kurz zuvor ein Heuschreckenschwarm ein Picknick abgehalten? Wer zuletzt lacht, lacht am besten! Wie überheblich und unbedarft wir doch waren! All die Vielfresser auf der Treppe wussten es einfach besser, weil sie nicht zum ersten Mal auf diesem Schiff unterwegs waren. Wir jedenfalls hatten unsere Lektion gelernt. Gleich am nächsten Tag ließen wir alles stehen und liegen und blockierten mit dem restlichen Schiff um Viertel vor sechs den Treppenaufgang vor dem Büfettrestaurant.

Gerade diese Horden in Treppenhäusern oder vor Ein- und

Ausgängen wachsen jedoch selbst den Veranstaltern manchmal über den Kopf. Wie sollen die Matrosen denn etwa die Gangway aufbauen, wenn ihnen Hunderte von schubsenden Leuten im Weg stehen?

Dann versucht das Schiff mit schulmeisterlichen Durchsagen dem angeblich überflüssigen Anstellen vorzubeugen. Die Hardliner lassen sich natürlich nicht von der Pole Position im Pulk vertreiben, egal, wie streng die Durchsage daherkommt. Und sie haben natürlich ihre Gründe.

Wer als Letzter in den Ausflugsbus steigt, sitzt nämlich die ganze Fahrt womöglich hinten in der Mitte statt auf einem schönen Fensterplatz in der Nähe der Türen, von dem aus er als Erster wieder draußen ist. Und sich auf diese Weise schon einmal einen guten Startplatz für die nächste Schlange sichern kann.

Eine positive Seite hat das Schlangestehen aber auch: Man kommt leichter ins Gespräch. Gerade wir Deutschen haben doch Probleme, einfach mal mit den Leuten um uns herum einen Plausch zu halten. Stattdessen belegen wir lieber gleich ein Small-Talk-Seminar, für das wir ein Zertifikat bekommen. Dabei sollen uns Gespräche mit Leuten, die wir nicht kennen, sogar glücklich machen. Das belegt etwa eine Studie aus dem Jahr 2014. Nicholas Epley und Juliana Schroeder von der Universität Chicago hatten wissenschaftlich getestet, wie Menschen sich fühlen, wenn sie mit völlig Fremden reden. Die meisten fühlten sich danach besser als ohne den kleinen Small Talk nebenher. Und soll in Kreuzfahrtschlangen nicht sogar die eine oder andere Freundschaft entstanden sein?

Rettungsringe für Anfänger

♦ Kommen Sie lieber ein bisschen vor der offiziellen Einschiffungszeit. Dann ist es noch leer. Auch sonst lohnt es sich, überpünktlich zu sein. Steht in Ihrem Tagesprogramm, dass die Tenderboot-Tickets für den Landgang um acht Uhr ausgegeben werden, kreuzen Sie lieber nicht erst nach dem Frühstück auf. Dann ist nur noch der Ramsch übrig, sprich die unpopulärsten Zeiten. Die will keiner haben, weil man sonst womöglich um fünf Uhr morgens aufstehen muss.

♦ Wer ganz auf das Schlangestehen verzichten will, hat mehrere Optionen. Beispielsweise könnten Sie ein teureres Schiff buchen. Luxus bedeutet weniger Gedränge. Es ist einfach von allem mehr da. Mehr Personal, mehr Platz, mehr Counter zum Einschiffen. Die einzige Schlange auf dem teureren Schiff ist die beim Kapitänscocktail, wenn alle ein Foto mit dem Kapitän machen wollen.

♦ Eine andere Möglichkeit ist, erster Klasse zu fahren, also eine Suite oder das Schiff im Schiff zu reservieren. Die erste Klasse wird auf Kreuzfahrtschiffen nicht so genannt, schließlich möchte man keinen Klassenkampf provozieren. Insgesamt fühlt es sich ein bisschen an wie das teurere Schiff. Nur leben Sie in einer Art Gated Community, verbarrikadiert wie in einem Dritte-Welt-Land, wo die Armen durch Wachpersonal von Ihrem Luxus ferngehalten werden. Die Schlange, die sich bildet, wenn alle vom Schiff gehen, umgehen die Erste-Klasse-Passagiere, weil eine Hostess mit einem hochgehaltenen Schild »Erste Klasse« vorausgeht und das Drängeln für Sie übernimmt. Auch beim Einschiffen sind Sie automatisch privilegiert, ähnlich einem Vielflieger- oder Business-Class-Kunden.

♦ Sie könnten auch ein kleines Schiff nehmen. Was Menschenschlangen betrifft, spielen kleinere Schiffe ganz einfach nicht in der ersten Liga. Das gilt auch für Flusskreuzfahrtschiffe.

♦ Oder Sie reisen mit Angelsachsen. Auf meiner letzten Kreuzfahrt waren wir Schweizer, Österreicher und Deutsche in der Minderheit, sodass selten rein deutschsprachige Ausflüge stattfanden. Stattdessen waren wir mit Menschen aus aller Herren Länder unterwegs. Und immer war da diese australische Familie mit von der Partie. Das Besondere an den Eltern und ihrer zehnjährigen Tochter war, dass sie so ultraentspannt immer als Letzte in den Bus kletterten und sich einfach dort hinpflanzten, wo noch Platz war. Sie freundeten sich mit einer englischen Familie an, die genauso entspannt auf der ungeliebten Rückbank des Busses saß. »They are struggling to get on the bus«, sagte der Australier sich krümmend vor Lachen zu dem Engländer und zeigte auf die Italiener weiter vorne. Diese beiden Familien konnten es nicht fassen, dass es Leute gab, die beim Schlangestehen Ehrgeiz entwickelten und im vollen Ernst die Ellenbogen ausfuhren, um andere auszubremsen. Und das nur, um einen guten Platz im Bus zu bekommen.

- Vor wem müssen Sie sich hüten, wenn Sie in einer Schlange stehen? Die gefühlt größten Dränglernationen sind in dieser Reihenfolge:

  1. Deutsche
  2. Chinesen
  3. Russen
  4. Italiener

- Wen hängen Sie leicht ab? Die besonders entspannten Nationen, gegen die Sie jedes Schlangenduell gewinnen, sind:

  1. Golfaraber
  2. Australier
  3. Engländer
  4. Brasilianer

Im Bademantel zum Galaabend

Dresscode: Leben und leben lassen

»Alles halb so wild«, sage ich immer, wenn mir meine Bekannten mit den typischen Vorurteilen gegen Kreuzfahrten kommen. Diesmal ist es meine Freundin Kerstin, der ich gerade erzählt habe, dass ich demnächst wieder in See steche.

»Die ganze Zeit im Abendkleid herumzulaufen, darauf hätte ich im Urlaub echt keine Lust. Mir reicht's schon, wenn ich mich fürs Büro schick machen muss. Dass du solche Klamotten überhaupt im Schrank rumhängen hast«, sagt sie.

Ich rolle innerlich mit den Augen und denke: Die hat keinen blassen Schimmer. Kerstin glaubt doch allen Ernstes, dass es auf einer Kreuzfahrt noch zugeht wie in den Episoden des »Traumschiffs« in den Achtzigern.

Dabei sieht die Realität seit Jahren anders aus. Anbieter wie Aida und TUI haben förmliche Kleidung auf ihren Flotten längst abgeschafft, und selbst dort, wo um Abendkleidung gebeten wird, geht es vielseitiger und lockerer zu, als viele vermuten.

Da kann sich durchaus am Galaabend ein Sophia-Loren-Double im goldenen Abendkleid auf der funkelnden Treppe fotografieren lassen, während einige Jugendliche mit freien Oberkörpern und Handtüchern um die Hüften sie aus dem gläsernen Aufzug anstarren. Auch auf Kreuzfahrten wird nichts so heiß gegessen, wie es gekocht wird.

Gerade wir Deutschen sitzen beim Thema Dresscode in der Klemme. Wir mögen es einerseits gern leger, andererseits wollen wir nicht, dass jemand mit dem Finger auf uns zeigt.

»Schauen Sie sich, bevor Sie buchen, die Kleiderordnung der Reederei an«, ist eine der Standardempfehlungen. »Und fahren Sie da mit, wo der Dresscode Ihren Wünschen entspricht.«

Das klingt vernünftig. Aber Moment mal! Will man wirklich die Kleiderordnung zum obersten Kriterium bei der Auswahl des Schiffes machen? Und was, wenn nur dieses Schiff mit der mir nicht gemäßen Kleiderordnung in Sansibar anlegt, wo ich gern mal hinfahren würde?

Weil ich mich von der Dresscode-Frage nicht gern unter Druck setzen lasse, mache ich es wie ein Chamäleon. Und wenn ich mich so umschaue, sehe ich noch viele andere, die sich genauso verhalten. Obwohl ich selbst gut und gern auf das ganze Gedöns der festlichen Abende verzichten könnte, packe ich immer ein »kleines Schwarzes« ein. So wie alle, die im Urlaub nicht nur in der Sonne liegen, sondern auch mal abends in ein Restaurant gehen wollen, das mehr als Pizza anbietet. Meine Auslegung dieses Klassikers ist dabei ganz individuell, zählt bei mir doch jedes schwarze Kleid – und übrigens auch jedes dunkelblaue – als »kleines Schwarzes«.

Einmal habe ich sogar mein »kleines Schwarzes« noch weiter ausgelegt. Zugegeben, die Jeans, die ich an einem Galaabend im Restaurant verbotenerweise getragen habe, war dunkel, neu und eng. Und meine dunkle Bluse konnte durchaus als festlich durchgehen. Ich musste es also nur bis zum Tisch schaffen, dann verschwand der potenzielle Stein des Anstoßes unter dem weißen Leinen.

Als ich an den aufgereihten Kellnern vorbei, der Oberkellner an der Spitze, in den grandiosen Belle-Époque-Speisesaal stolzierte, hielt ich einen Moment den Atem an. Keine Reaktion. Niemand nahm meine kleine Rebellion auch nur zur Kenntnis.

Das war ziemlich enttäuschend. Da benehme ich mich wie eine Pubertierende und pfeife auf sämtliche Konventionen. Und dann interessiert es kein Schwein. Kein einziger Kopf dreht sich empört nach mir um.

Um Anstoß zu erregen, muss man sich schon mehr ins Zeug legen. Da muss die Jeans mindestens ein paar Löcher haben oder extrem verwaschen sein. Oder das Schiff tatsächlich stinkvornehm. Aber es sollen ja sogar Leute ihre Kreuzfahrtgesellschaft verklagt haben, weil ihnen das Publikum an Bord zu verlumpt daherkam. Ob ich wohl der Anlass war?

Aber es gibt ja nicht nur Leute, die schlichtweg keinen Bock auf schicke Fummel oder Krawatte im Urlaub haben, sondern auch solche, die den großen Auftritt lieben. Für die gehört ein langes Kleid einfach dazu, um den Alltag hinter sich zu lassen und in andere märchenhafte Welten zu entschweben. Dort sind sie dann Sissi, die junge Kaiserin, strahlend schön bei ihrem ersten Hofball. Während wir an ihrer Seite einen rotgesichtigen Dickwanst mit grauem Haarkranz sehen, wandelt dort als strahlender Prinz der junge Karlheinz Böhm in der Rolle von Kaiser Franz Joseph von Österreich.

Damit dieser Traum gelebt werden kann, müssen aber auch alle anderen mitziehen. Denn Sissi kann ihren Untertanen nur huldvoll zunicken, wenn diese standesgemäß gekleidet sind und sie nicht an die Leute erinnern, mit denen sie beim Rewe an der Wursttheke ansteht.

Gerade habe ich Kerstin gegenüber behauptet, dass sie sich bei der Kleiderfrage ganz locker machen kann, sollte sie doch mal eine Kreuzfahrt buchen – da trifft mich der Schlag, als die Reiseunterlagen des Luxusliners eintreffen, mit dem ich dieses Mal in See stechen will.

Hier wird mir schwarz auf weiß mitgeteilt, dass auf diesem Schiff in den öffentlichen Räumen abends keine Jeans erlaubt sind. Ach du lieber Gott, denke ich, während ich den Dresscode studiere. Auf dem ganzen Schiff abends keine Jeans? Wo bin ich denn da gelandet?

Stattdessen ist je nach Anlass ein formeller oder informeller Look erwünscht. Was zu welchem Datum angesagt ist, steht ebenfalls schon vorher fest und ist penibel aufgelistet. Man nimmt die Sache offensichtlich todernst.

»Informell« klingt ja für deutsche Ohren eher locker, bedeutet aber keineswegs, dass Sie in Badelatschen aufkreuzen können. Eine genaue Definition des Begriffs liegt den Reiseunterlagen ebenfalls bei. »Informell« heißt: Jackett (Krawatte nach Wunsch) für die Herren, Cocktailkleid, Kostüm- oder Hosenanzug oder andere klassisch-elegante Kombinationen für die Dame.

Dann kommt es knüppeldick. Formell bedeutet nämlich: Dinnerjacket, Smoking oder dunkler Anzug mit Krawatte für die Herren. Abend- oder Cocktailkleid oder andere formelle Kleidung für die Damen.

Ob ich wohl mit meiner Interpretation des »kleinen Schwarzen« auf diesem Schiff richtigliege? Mir kommen plötzlich

Zweifel. Bisher war ich auf meinen Kreuzfahrten nicht nur mit der High Society unterwegs. Zwar gab es auch dort Kleidungsvorschriften, die etwa im Tagesprogramm angegeben und sogar erläutert wurden. Dass sie mir jetzt aber schon vorher ins Haus flattern, gibt mir zu denken.

Wäre es vielleicht besser, doch ein bisschen was Offizielleres dabeizuhaben? Herren können sich formelle Kleidung an Bord ausleihen, werde ich informiert. Damen, und damit ich, leider nicht. Und ich will sicher nicht meine Zeit an Land damit verplempern, ein Abendkleid aufzutreiben, wenn ich dann an Bord feststelle, dass mir das richtige Outfit fehlt und ich ab sechs Uhr abends auf meiner Kabine eingesperrt bin.

Also besser kein Risiko eingehen und der Cocktailkleiderabteilung von Peek & Cloppenburg einen Besuch abstatten. Für mich absolutes Neuland.

»Spieglein, Spieglein an der Wand, wer ist die Schönste im ganzen Land?«, rufe ich dem Spiegel in meiner Garderobe zu, nachdem ich mir den ersten schicken Fummel übergestreift habe.

Also wirklich! Statt mir ein promptes »Frau Königin, Ihr seid die Schönste hier« entgegenzuschmettern, ringt sich der Spiegel nur ein flaues »Äh« ab.

Spiegel lügen bekanntlich nicht. Aber dieser hat eine Menge Verkaufsschulungen über sich ergehen lassen und will deshalb nicht so recht raus mit der Wahrheit. Deshalb nur das »Äh«.

Was hat er denn nur? Das Kleid ist doch schön, finde ich, und außerdem ein Schnäppchen. Dunkelblau. Knielang und eng sitzend. Dabei so geschnitten, dass es der Figur schmeichelt.

Ein prüfender Blick, und mir wird sofort klar: Ich sehe in

dem Kleid aus, als sei ich auf dem Weg zum siebzigsten Abijubiläum eines vornehmen Schweizer Internats. Das liegt wohl an dem filigranen Spitzenoberteil, auf dem kleine Perlen sitzen, und den langen Ärmeln, die ebenfalls aus Spitze sind. Das wirkt altbacken und bieder.

Also besser was ohne Ärmel und mit Ausschnitt? Die Abijubiläums-Robe wandert an den »No-way«-Haken. Als Nächstes probiere ich ein weiteres dunkelblaues, knielanges Kleid an. Aber diesmal ärmellos und mit ganz reizend glitzernden Pailletten. Eigentlich ganz flott und zu hundert Prozent kreuzfahrttauglich. Wenn nicht die nackten Oberarme wären.

Was die Oberarme betrifft, trennt sich die Frauenwelt in einem bestimmten Alter in zwei Kategorien: Die eine findet weiterhin nichts dabei, das wabbelnde Fleisch im Trägerhemdchen zu präsentieren. Die andere verhüllt dieses würdevoll. Selbst wenn alles noch bestens in Schuss ist wie, na klar, bei mir.

Das Dilemma ist also riesengroß. Wollen wir riskieren, dass vielleicht doch mal etwas wabbelt, oder wollen wir als langweilige Gouvernante daherkommen?

Ich frage die Verkäuferin. Die findet natürlich, dass ich das Kleid absolut tragen kann. Bei meiner Figur. Und nein, ganz sicher sieht man hinten keine Speckrollen. Ich bin ganz aus dem Häuschen, und auch der Spiegel hat keine Einwände.

Dennoch zögere ich und gehe im Kopf erst mal alle Gelegenheiten durch, zu denen ich so was tragen könnte, wenn ich nicht gerade auf einem Schiff bin. Kein einziger Anlass reckt die Hand hoch und meldet sich freiwillig. Warum werde ich nie zu irgendwelchen Veranstaltungen eingeladen, bei denen man vor surrenden Kameras über einen roten Teppich stöckelt und dabei seinen Fans Kusshändchen zuwirft? Nur dort ließe sich ein solches Kleid schließlich zweitverwerten.

Ach, komm schon, rede ich mir gut zu: kauf es! Dann fällt mir ein weiteres Hindernis ein. Wie soll ich das Teil bitte in meinen Koffer packen? Wenn ich diesen Fummel allzu unsanft behandle, fallen doch sämtliche Pailletten ab. Dann könnte ich zwar endlich mal das Nähset nutzen, das immer zusammen mit den Seifen, dem Schuhputzschwamm und der Duschhaube in einem kleinen Körbchen im Bad angeboten wird. Doch bis ich den Glitter wieder angenäht hätte, wäre der Urlaub schon vorbei.

Und zieht es in den Restaurants an Bord nicht immer? Die Klimaanlagen sind so eingestellt, dass die Kellner ihren Job machen können, ohne dass Schweiß ins Essen tropft. Im ärmellosen Kleid kann es verdammt kalt werden, wenn man über eineinhalb Stunden rumsitzen muss.

Also ein Bolero-Jäckchen oder einen Pashmina-Schal dazu? Puh! Da kann ich auch gleich das langärmlige Kleid für das siebzigjährige Abijubiläum nehmen. Wer schön sein will, muss eben frieren.

Oder vielleicht doch nicht? Wie wäre es denn mit einer dieser langen Roben? Zumindest hätte ich so etwas wärmere Beine und könnte sogar eine dicke Wollstrumpfhose darunter anziehen. Aber wie soll so ein Teil in den Koffer gehen?

Ich schaue mich um. Überall schwirren Frauen herum, die für die anstehenden Abibälle lange Kleider anprobieren. Alle sind viel jünger als ich, doch selbst sie sehen in dieser Montur haarsträubend aus. Neben mir hat eine Blondine mit Pony und

Pferdeschwanz zu einem bodenlangen roten Kleid gegriffen. Es fällt komplett ohne Halt an ihr herunter, sodass sie dürr wie eine Bohnenstange aussieht. Bodenlange Kleider benötigen einfach Kurven. Die dünnen Frauen bei Heidi Klum und all die Stars auf roten Teppichen haben eben Stylisten, die den Stoff so drapieren, dass er gut aussieht.

Doch auch wer Kurven hat, ist nicht fein raus. Die Freundin der Blonden ist eher moppelig und liebäugelt mit einem nude-farbenen Traum aus Chiffon. Schulterfrei und nur von einer Korsage gehalten, sieht es verdächtig nach einem Outfit-Total-schaden aus.

Selbst die schlanke Schönheit in der Garderobe gegenüber wirkt in dem lachsfarbenen Tüllkleid, als wollte sie sich als Vogelscheuche verkleiden. Der Anblick raubt mir die Lust, es einmal selbst zu versuchen. Warum sollte irgendetwas davon an mir besser aussehen? Ich kneife und verzichte darauf, über-haupt ein langes Kleid anzuprobieren.

»Sie mit dem rosa Koffer haben ja gut reden, was Ge-schmacksfragen angeht«, höre ich Sie mir zurufen. Erwischt! Bei einem bodenlangen rosa Paillettenkleid hätte ich schwupp-diwupp jegliche Bedenken über Bord geworfen. Das gab es aber nicht. Dabei hätte es sogar zu meinem rosa Koffer gepasst.

»Selbstverständlich kaufst du nicht extra ein neues Kleid«, sagt meine Freundin, die Prinzessin, mit der ich diese Reise an-trete. »Die haben alle uralte Sachen dabei.« Sie lässt es so klin-gen, als würden nur verbissene Neureiche vor einer Kreuzfahrt shoppen.

Prinzessin nenne ich sie hier, weil sie tatsächlich eine ist, selbst wenn sie diesen Titel nicht in ihrem Reisepass führt. Sie trinkt ihren Kaffee immer aus einer Tasse, die sie zur Hochzeit von Charles und Di geschenkt bekommen hat, und sie orientiert sich auch an hochherrschaftlicher Kleidung. »Zara Phillips hat zur Hochzeit von Camilla und Charles ein ungebügeltes Kleid und ausgelatschte Wildlederstiefel getragen. Das ist doch mal souverän. So machen wir das auch.«

Damit erlöst sie mich aus der Schockstarre, in die mich die Reiseunterlagen versetzt haben. Wenn die Enkelin der Queen auf einer königlichen Hochzeit so erscheint, dann ist ja wohl dein altes Cocktailkleid gut genug für ein Kreuzfahrtschiff, rede ich mir beruhigend ein. Die Vornehmheit ist bei meiner Kluft allerdings nur angedeutet. Vielleicht nicht mal das. Denn nur ich weiß ja, dass ich dieses Vintage-Kleid mal auf wirklich glamourösen Partys getragen habe – wenn auch vor langer Zeit.

Ich packe sicherheitshalber fünf weitere Kleider in den Koffer. Zwar ist keines lang oder auch nur mit einer einzigen Paillette verziert, doch in einem Kleid fühle ich mich für alles gewappnet. Selbst das letzte Fähnchen aus billigem Stoff macht noch mehr her als jede Hose. Das bilde ich mir zumindest ein.

Am Einschiffungstag dürfen wir abends informell herumlaufen. Ich behalte einfach das Kleid an, das ich den ganzen Tag getragen habe. Es ist zwar weder Cocktailkleid noch Kostüm oder Hosenanzug, aber könnte mein Baumwollkleid nicht unter »und andere klassisch-elegante Kombinationen« rangieren? Es hat nur fünfzehn Euro im Ausverkauf gekostet, aber die Prinzessin findet, dass Stella McCartney gerade ganz ähnliche Modelle am Start hat.

Immerhin tausche ich meine Turnschuhe gegen Ballerinas aus. Ich bin schließlich guten Willens. So sieht meine Chamäleon-Taktik für diesen ersten Abend aus. Wie wird es laufen? Werden sich die unwirschen Blicke von Abendroben auf mich richten, oder wird mich sogar ein Livrierter diskret zur Seite winken?

Die Prinzessin macht auf Garçonne und geht im schwarzen Anzug mit goldenen Schuhen. Sie ist interessanterweise nicht die einzige Frau, die auf das Abend- oder Cocktailkleid verzichtet und in Hosen erscheint.

Die öffentlichen Räume, die mit dem »Keine-Jeans-nach-sechs«-Verbot, präsentieren sich als Mischung aus Grand Hotel und Shoppingmall. Einige Gäste konnten es partout nicht abwarten und haben sich gleich so in Schale geschmissen, als würde die Queen höchstpersönlich in den nächsten Minuten zum Händeschütteln kommen. Smokings und lange Kleider sitzen in der Broadway-Bar herum oder lauschen der Harfenistin im Wiener Kaffeehaus. Jede Menge Cocktailkleider stellen sich zur Schau. Genau die Sorte, die ich bei Peek & Cloppenburg verschmäht habe.

Doch die Mehrheit hat sich noch etwas heruntergedimmt. Anzüge mit oder ohne Schlips, viele Sommerkleider aus Leinen, Hosen (keine Jeans) mit Bluse, Röcke mit Bluse drehen genauso ihre Runden wie wir.

Die Krönung aber ist eine einsame Gestalt im Bademantel. Sie irrt durch die herausgeputzte Menge, als müsse der Pool ganz in der Nähe sein statt zwölf Decks weiter oben.

»Ist das ein Kunst-Happening?«, frage ich die Prinzessin.

»Glaube ich nicht. So avantgardistisch sind die hier nicht«, antwortet sie.

Alle anderen tun so, als wäre der Bademantel ganz normal.

Und irgendwie stimmt das ja auch, denn Kleiderordnungen sind eben doch immer löchrig.

Gefühlt liege ich mit meinem Kleid aus dem Ausverkauf im unteren Viertel der Vornehmheitsskala – trotz Stella McCartney. Die Mehrheit hat sich deutlich mehr ins Zeug gelegt. Wenn ich mich selbst benoten müsste, würde ich mir eine Vier geben. Allerdings hat mir eine solche Note auch schon zur Schulzeit gereicht, wenn ich mich dafür null anstrengen musste. Und mein Ziel ist es eben, in puncto Kleidung mit möglichst wenig Aufwand durch den eleganten Abend zu kommen.

Wer noch weniger Ehrgeiz hat als ich, der kann selbst auf diesem Schiff im Büfettrestaurant zu Abend essen, ohne sich um den Dresscode zu scheren. Und auch auf dem gesamten Pooldeck sind Jeans zu jeder Zeit passabel, auch wenn sie auf diesem Schiff sogar tagsüber die Ausnahme sind. Der Herr bevorzugt Kaki, die Dame Weiß oder Dunkelblau.

Der informelle Abend war erst die Generalprobe. Am nächsten Tag geht es richtig zur Sache. Jetzt wird es formell. Werde ich mich in meinem Patina-Cocktailkleid wohlfühlen oder mir die ganze Zeit underdressed vorkommen?

Das Kleid geht bis zu den Knien, ist aus schwarzer, glänzender Viskose mit bunten Sprenkeln und wird auf der Hüfte mit einer Schleife gebunden. Der Schnitt ist weit und weckt Assoziationen an die 1920er-Jahre. Ideal, um auf Downton Abbey zum Tee vorbeizuschauen.

Ich hänge mir eine lange Kette mit Perlen dick wie Kirschen um. Sie ist unecht. Dazu trage ich Ohrringe mit ebenfalls großen Perlen. Die Klunker sind zwar auch nicht echt, aber immerhin von Chanel.

Handtaschen habe ich zwei zur Auswahl. Ein schwarzes Fellherz, etwa in der Größe eines Apfels, das mir meine stylingbewusste Freundin Sabina zu Weihnachten geschenkt hat. Und eine Umhängetasche mit schwarzen Perlen, die ich vor Ewigkeiten einmal in Paris gekauft und nie benutzt habe. Ich entscheide mich für das Puschelherz, das mit einer Schlaufe ums Handgelenk getragen wird. Vielleicht ist es auch ein Schlüsselanhänger und gar keine Abendtasche? Egal. Ich schlüpfe in die schwarzen Ballerinas, lege Lippenstift auf – fertig.

Unterdessen hat sich die Prinzessin wieder als Garçonne gestylt. Und dabei wird sie auch während der gesamten Fahrt bleiben. Wie sieht es aber bei den anderen aus? Gut zwei Drittel aller Frauen tragen hier lang. Und genauso viele der Herren erscheinen im Smoking. Fräcke sieht man nur wenige. Lang bedeutet aber nicht automatisch auch vornehm. Das eine oder andere Hippiekleid von H & M, kombiniert mit einem goldenen Jäckchen und High Heels, sticht mir ins Auge. Und wer weiß, wie viele der Herren ihre Abendkleidung vom Schiff geliehen haben?

Wir lernen Eleonore kennen, die ein schilfgrünes bodenlanges Kleid mit silbernen Pailletten trägt, in dem sie aussieht wie die kleine Meerjungfrau. Sogar eine zum Fischschwanz uminterpretierbare Schleppe zieht sie hinter sich her. Da wir am nächsten Morgen in Kopenhagen einlaufen sollen, bietet sich dieser Vergleich umso mehr an.

»Ein bisschen over the top«, kommentiert sie ihr eigenes Outfit. »Ich habe gedacht, dass es hier vornehmer zugeht. Und ich hatte das einfach noch im Schrank hängen.«

»Noch im Schrank?«, hake ich schwer beeindruckt nach. Wer

hat schon solch Hochherrschaftliches einfach so herumhängen? Ihr Kleid ist bestimmt nicht von Peek & Cloppenburg oder gar H & M. Es sieht wirklich nach Klasse aus.

»Ich brauchte das für eine Hochzeit in England«, erzählt sie.

»Wohl die von Kate und William?«, platzt es aus der Prinzessin heraus.

Eleonore schüttelt belustigt den Kopf. Aber bei dem Glamour, den sie ausstrahlt, hätte die Prinzessin genauso gut richtigliegen können.

Wir reden weiter über die vorbeiflanierenden Roben. »Meinen Fascinator habe ich weggelassen«, fährt Eleonore fort. »Der gehört eigentlich noch dazu.«

»Ein was?« Ich habe den Ausdruck noch nie gehört und lasse mir das Wort erst mal buchstabieren.

»Na, so ein Kopfschmuck, der eben kein Hut ist. Das, was alle in Ascot beim Pferderennen tragen«, werde ich belehrt.

Wieder was gelernt.

Für mich ist sie nicht overdressed. Allerdings stolpert des Öfteren jemand über ihre Schleppe. Ganz perfekt ist es halt nie.

Und auch den genau richtigen Ton scheint niemand zu treffen. Die einen erscheinen einen Tick underdressed, die anderen fühlen sich ein bisschen over the top.

Wie habe ich abgeschnitten? Meiner eigenen Einschätzung nach lande ich wieder mit einer Vier im unteren Feinmach-Viertel. Weder werde ich deshalb aber des Restaurants verwiesen, noch schnellen um mich herum Augenbrauen in die Höhe. Selbst dann nicht, wenn sich mal wieder die Schleife an meinem Kleid lockert und ich sie neu binden muss, was ziemlich häufig passiert. Ich komme mit minimalem Aufwand durch den Abend, was mir eine große Befriedigung verschafft. Vor allem auch, weil ich ja immer gewusst habe, dass alles halb so wild ist. Und das nun auch in Zukunft wieder guten Gewissens erzählen kann, wenn mal wieder jemand fragt.

Der Prinzessin schwirrt während der ganzen Reise der Typ im Bademantel durch den Kopf, der am ersten Abend inmitten von Abendkleidern und Smokings durch das Foyer irrte.

»Ich mache das jetzt auch«, sagt sie. Am nächsten formellen Abend zerrt sie das weiße Frottee-Teil aus dem Schrank.

Entsetzt starre ich sie an und fühle mich plötzlich wie die letzte Spießerin. Wie eine besorgte Mutter, die ihrer Tochter jetzt sagen muss, dass sie den Nasenring zum Vorstellungsgespräch bitte rausnehmen soll.

Dabei mache ich doch selbst nur das Minimum. Ja, bin nicht mal sicher, dass ich nicht schon darunterliege. Aber im Bademantel an die Rezeption gehen? Das heißt den Göttern des Dresscodes den Fehdehandschuh hinwerfen. Zara Phillips kann dagegen jedenfalls einpacken mit ihrer Ungebügeltes-Kleid-beim-Royal-Wedding-Nummer.

Mir ist schon unwohl, wenn ich im Bademantel zum Pool gehe. Durch den Gang zu huschen ist noch kein Problem. Da sind Begegnungen rar. Vor den Aufzügen zu warten finde ich auch kein Thema. Da ist so viel Platz, dass alle in eine andere Richtung starren können. Doch ist man einmal im Aufzug, ist man den Blicken ausgesetzt. Natürlich sagt nie jemand was, auch Leute in Abendkleidung verhalten sich, als wäre es das Normalste der Welt. Doch man weiß natürlich nie, ob sie sich nicht schnurstracks auf den Weg zur Rezeption machen, um dort eine Beschwerde zu lancieren.

Ich bin zu feige, um sie zu begleiten, und warte auf ihre Rückkehr. Im Ernst. Die Wahrheit ist nämlich, dass ich keineswegs auffallen will. Schon nach einer Viertelstunde ist die Prinzessin von ihrer Bademantelexpedition zurück.

»Die wollten mich da weghaben«, berichtet sie mit aufgeregter Stimme und meint das Personal. »Das habe ich gespürt.« Schon unser Steward hat versucht, sie in Richtung Pool zu dirigieren, als sie sich zur Lobby auf den Weg machte. Und als sie dann im Bademantel an der Rezeption stand, hat man sie im Eilverfahren abgefertigt.

Allerdings hält sie dieses Erlebnis nicht davon ab, ein paar Tage später im Bademantel ins Büfettrestaurant zu gehen. »Das kannst du nicht machen«, sage ich zu ihr, ganz die Kleinbürgerin. »Dann stellen die ein Schild auf, dass Badekleidung in den Restaurants verboten ist.«

Sie macht es trotzdem. Schließlich hat an diesem Morgen der Zimmerservice nicht funktioniert. Die Prinzessin findet ihre Aktion gerechtfertigt, weil nur zwei silberne Kännchen Kaffee und zwei riesige Teller mit Melonen geliefert wurden. Von Brötchen oder Marmelade keine Spur.

Kurz darauf ist sie wieder da. »Die haben mich rausgeschmissen«, berichtet sie. »Die haben einen mit ganz vielen Streifen an der Jacke geholt, der hat sich vor mir aufgebaut und mich des Büfetts verwiesen.« Ihr Bademantelenthusiasmus flaut nach diesem Erlebnis ab.

Am nächsten formellen Abend ist bei mir die große Wäsche angesagt. Unser Schiff bietet Luxus in jeder Hinsicht und punktet mit einem Waschsalon auf jedem Deck. Als ich den kleinen, fensterlosen Raum betrete, laufen drei Trockner. Doch zum

Glück ist eine der Waschmaschinen frei. Am Bügelbrett plättet ein Mann in mittleren Jahren noch ein weißes Hemd. Dabei ist es schon halb sieben, und die erste Abendessensitzung hat bereits begonnen. Ein anderer Typ in Shorts sitzt auf einem Hocker, hält ebenfalls ein weißes Hemd in der Hand und wartet darauf, ans Bügelbrett zu kommen.

Und dann rauscht eine Frau im Bademantel herein. Es ist nicht die Prinzessin, sondern eine junge Amerikanerin. »Hi«, sagt sie, öffnet einen der noch laufenden Trockner und befühlt ihr Abendkleid. Anscheinend ist es noch nicht trocken genug, denn sie wirft es zurück, macht die Klappe wieder zu und verschwindet auf ihre Kabine.

Ganze Foren debattieren im Internet darüber, ob man im Bademantel durchs Schiff laufen darf. Wie immer bei Etikette-Fragen gibt es drei Fraktionen. Die einen finden gar nichts dabei. Die mittlere Fraktion macht sich Gedanken. Zu dieser Gruppierung zähle auch ich mich. Und der Rest ist einfach empört, dass so was überhaupt möglich sein sollte.

Ich frage die Kreuzfahrtexpertin Anke Bütow, die auf mehr als zweihundert Kreuzfahrten deutsche Gäste als Lektorin begleitet hat.

Ich: »Anke, mich treibt die Frage um, ob es in Ordnung ist, im Bademantel zum Pool zu gehen. Lauert hier ein Kleidungs-Fettnäpfchen, oder bilde ich mir das nur ein?«

Anke Bütow: »Die Leute machen das überall.«

Ich: »Machst du es auch? Gehst du im Bademantel zum Pool?«

Anke Bütow: »Nein, ich fühle mich nicht wohl, wenn ich im Bademantel Aufzug fahre. Ich habe ein Kleid, das vorn durchgeknöpft wird. Das ziehe ich über meinen Badeanzug.«

Ein Graubereich also. Ob Sie es machen oder nicht machen, ist Ihre eigene Entscheidung. Und das gilt auch so ziemlich für alles andere, was den Dresscode betrifft.

Bis einen die Kleiderpolizei an Bord rüffelt, muss man es jedenfalls ziemlich weit treiben. Wer nicht gerade vorhat, im Bademantel ins Restaurant zu schlurfen, kann sich also ganz locker machen vor der nächsten Seereise.

Und allen Sissis und Franz Josephs, die es lieben, sich fein zu machen, möchte ich gern zurufen: Leben Sie Ihren Traum! Haben Sie auch keine Angst, sich ein wenig over the top zu kleiden! Wen soll das kratzen? Aber denken Sie auch an die Devise: »Leben und leben lassen!« Sein Geld zurückzuverlangen, weil nicht alle den eigenen Standards entsprechend gekleidet sind? Sissi doch nicht!

Rettungsringe für Anfänger

♦ Außer bei *TUI* und *Aida* kann auch bei *Norwegian* und einigen anderen Schiffen jegliche Abendgarderobe daheimbleiben. Wer es ganz genau wissen will, schaue sich die Seite www.cruisetricks.de an. Sie enthält eine detaillierte Auflistung, welche Kostümierung auf welchem Schiff angesagt ist.

♦ Auf deutschen Schiffen mit Kleiderordnung wird als Minimallösung für Frauen oft das Glitzertop mit dunkler Hose oder dunklem Rock und für Männer ein Anzug empfohlen. Ihr Sakko, das sonst für Kundenbesuche reserviert ist, tut es meiner Erfahrung nach aber auch. Im Frack oder in Ihrem grasgrünen hautengen Paillettenkleid, kombiniert mit einer gewagten Federboa, würden Sie dagegen etwas aus dem Rahmen fallen.

- Auf einem internationalen Kreuzfahrtschiff können Sie sich dagegen auch stylen, als würde in Versailles eine Audienz beim Sonnenkönig auf Sie warten. Zwischen Italienern, Engländern oder Franzosen darf es ruhig immer noch eine Paillette mehr sein.

Katastrophen-Small-Talk bei Tisch

Die hohe Kunst der kleinen Konversation

Essen ist natürlich das ganz große Thema auf jeder Kreuzfahrt. Aber keineswegs das einzige. Besonders während der Mahlzeiten ist vielmehr Fachsimpelei gefragt, und dabei zählt nur: Wie viele Kreuzfahrten haben Sie schon absolviert und welche?

Dass Sie gerade als Erster den über 4000 Kilometer langen Kongo entlanggepaddelt sind, reißt Kreuzfahrtschiffspassagiere dagegen nicht vom Hocker. Den Kongo kennt man hier gar nicht, denn dort verkehren keine Flusskreuzfahrtschiffe. Sie müssten schon eine Entführung, Ebola oder eine unangenehme Begegnung mit Krokodilen bieten, um Ihre Zuhörer doch noch zu fesseln.

Meine Mutter und ich sind eingefleischte Büfettliebhaber. Weil wir jede Brücke sehen und auch keine Bohrinsel verpassen wollen, sind wir meistens viel zu sehr auf Achse, um uns stundenlang an einem Tisch bedienen zu lassen und Kreuzfahrt-Small Talk zu machen. Von den Restaurants auf Deck 2 oder 3 haben Sie in der Regel keine Aussicht und sitzen eineinhalb Stunden fest. Bis Sie fertig sind, liegt die zu bestaunende Brücke schon kilometerweit hinter Ihnen. Aber so ganz links liegen lassen sollten Sie die festen Runden auch nicht, erhalten Sie doch manches Mal entscheidende Tipps von ganz unerwarteter Seite.

So geht es uns auf einer Mittelmeertour. Wir haben den ersten Abend in unserer Tischrunde geschwänzt, weil wir lieber die Ausfahrt aus dem Hafen von Genua genießen wollten.

Am zweiten Abend findet meine Mutter, dass wir zumindest einmal an unserem reservierten Tisch im Restaurant vorbeischauen sollten. Sie empfindet es als schlecht erzogen, sich nie blicken zu lassen. Ob unsere sporadischen Restaurantbesuche besserer Stil sind, bleibt dahingestellt.

Als wir auftauchen, sind natürlich nur die schlechtesten Plätze an unserem Achtertisch übrig geblieben, nämlich die mit dem Rücken zur offenen Restauranttür. Und da zieht's wie Hechtsuppe.

Mit uns am Tisch sitzen ein älteres Ehepaar aus Karlsruhe, ein älteres Ehepaar aus Nürnberg und ein junges Ehepaar aus Luzern. Die markanteste und auf den ersten Blick einzige Eigenschaft von allen ist ihre eklatante Farblosigkeit. Genauso gut hätten sie ein großes »Nur-für-Langeweiler«-Schild auf den Tisch stellen können. Ich bestelle als Vorspeise demonstrativ die Schnecken. Das habe ich noch nie gegessen. Die Töchter meiner brasilianischen Freunde haben an ihrem ersten Abend in Paris schnurstracks Schnecken geordert und diese so weltläufig verspachtelt, als äßen sie nie etwas anderes. Ich dagegen muss erst eine Kreuzfahrt machen, um einmal Schnecken zu essen.

Mich als experimentierfreudig zu bezeichnen, wenn es um fremde Speisen geht, wäre noch übertrieben. Ich gehöre definitiv zu den »Was-der-Bauer-nicht-kennt-frisst-er-nicht«-Typen. Das will ich aber natürlich nicht zugeben, weil ich mir dann so unendlich kleinkariert vorkomme. Das Schiff bietet mir die Chance, zaghaft Mut zu beweisen.

»Und, was haben Sie heute in Rom gemacht?«, leite ich den Small Talk ein.

Am Morgen hatten wir in Civitavecchia angelegt, und ein Bus hatte uns zum Kolosseum gebracht.

Meine Mutter und ich sind quer durch die Stadt zum Pantheon marschiert, das sie unbedingt wieder einmal sehen wollte. Dann haben wir den Tiber überquert und uns in die Schlange vor der Engelsburg eingereiht. Eine Schlange übrigens, die jeder Kreuzfahrteinschiffung Ehre gemacht hätte, so lang war sie.

Aber die Engelsburg ist einfach großartig. Vom Dach haben wir auf den aus allen Nähten platzenden Petersplatz geblickt, wo der Papst gerade eine Messe hielt. Auch wenn wir den Heiligen Vater selbst gar nicht zu Gesicht bekamen, hatten wir doch das Gefühl, an etwas Besonderem teilgenommen zu haben. Fast so, als wären die Weihrauchschwaden bis zu unseren Plätzen auf dem Dach der Engelsburg gewabert.

Anschließend sind wir am Fluss entlang zur Tiber-Insel spaziert, dann vorbei am Circus Maximus zurück zum Kolosseum, wo wir wieder in den Bus nach Civitavecchia gestiegen sind.

Auf unserem Rundgang quer durch die Stadt und zurück haben wir alles mitgenommen, was es in Rom zu sehen gibt.

Die Karlsruher und Nürnberger dagegen sind nicht einmal von Bord gegangen, sondern haben ferngesehen.

»Wir waren schon in Rom«, sagt die Nürnbergerin.

O Gott, denke ich. Das sind bestimmt diese Leute, die auf jedem Schiff darüber quengeln, dass es zu wenige deutsche Fernsehsender gibt.

Und das »Wir waren schon in Rom« verschlägt mir für einen Augenblick die Sprache. Das muss man sich mal auf der Zunge zergehen lassen. Natürlich waren wir auch schon einmal in Rom. Wer nicht? Wenn jemand bis vor einer Woche die letzten drei Jahre in Rom gelebt hätte, könnte ich gut verstehen, dass man sich nicht die Mühe macht, von Civitavecchia aus für ein paar Stunden mit dem Bus in die Innenstadt zu fahren. Für alle anderen aber gibt es dort doch wohl genug zu sehen. Egal, wie oft man schon da war.

Beide Paare werden auch am nächsten Tag nichts unternehmen, wenn wir in Palermo anlegen. Ich plane, dort auf eigene Faust den Normannenpalast und die Kathedrale zu besichtigen. Meine Mutter hat den Ausflug nach Cefalù gebucht. Auf Italienisch. Der deutsche Ausflug fällt nämlich mangels Masse aus.

Das junge Schweizer Paar hat wenigstens die geführte Tour durch Rom gemacht.

»Wir können kein Italienisch«, sagt sie in entschuldigendem Tonfall. Sie lässt es so klingen, als wäre Italienisch eine uns unerhört fremde Sprache mit exotischen Schriftzeichen.

»Deshalb haben wir lieber die Tour gebucht, als uns allein aufzumachen«, ergänzt ihr Mann.

Meine Schnecken werden serviert. Sie sind unter einem Teigmantel begraben. Ich schmecke nur Blätterteig, egal, wie sehr ich versuche, die Schnecken an meinem Gaumen zu isolieren.

Als die Töchter meiner brasilianischen Freunde in Paris Schnecken verspeisten, wurden diese in ihren Häusern serviert. Das sah irgendwie auch beeindruckender aus als der Teigmantel. Immerhin schindet mein kulinarischer Wagemut bei den Karlsruhern und den Nürnbergern Eindruck.

Beide Ehepaare sind weit über siebzig. Vielleicht werde ich selbst auch nichts mehr unternehmen, wenn ich in diesem Alter bin? Sich überhaupt auf eine Kreuzfahrt zu begeben ist dann möglicherweise schon ein Kraftakt, das Abendessen im Restaurant eine tagfüllende Tätigkeit, von der man sich mit viel Fernsehen ausruhen muss.

Doch worüber dann reden? Wir sind erst bei der Vorspeise. Ich nehme einen neuen Anlauf mit dem Kreuzfahrt-Standardthema, um wenigstens die Vorspeise smalltalkend zu überstehen:

»Ist das Ihre erste Kreuzfahrt?«

Allgemeines Kopfschütteln. Für niemanden ist es die erste Kreuzfahrt. Alle drei Paare an unserem Tisch waren schon mehrmals mit genau dieser Reederei auf dem Mittelmeer unterwegs.

So, wie andere zehn Jahre lang jeden Sommer nach Borkum oder in die Bretagne fahren, verbringen sie jedes Jahr ihren Urlaub auf dem westlichen Mittelmeer. Immer mit demselben Schiff. Das Bedürfnis, einmal etwas anderes zu machen, verspüren sie nicht.

Ich stelle ein paar Fragen zu dem Schiff und der Reederei im Allgemeinen. Dann fällt mir nichts mehr ein. Nicht mal das Standardgespräch lässt sich hier abspulen. Dabei funktioniert dieses Minimum an Konversation sonst immer. Es läuft immer gleich ab, und zwar so:

Teilnehmer 1: »Wir haben schon zwanzig Kreuzfahrten gemacht. Letztes Jahr waren wir auf der *Principessa* in der Karibik. Da war das Essen besser.«

Teilnehmer 2: »Wir haben letztes Jahr auf der *Duchess* den Atlantik überquert. Da wurde nicht so gedrängelt wie hier. Auch das Publikum war besser.«

Teilnehmer 3: »Wir überlegen, ob wir nicht nächstes Jahr in die Karibik fahren.«

Teilnehmer 1: »Unser großer Traum ist Grönland. Das haben wir schon gebucht. Auf der *Pelikan* soll es nächsten Sommer dorthin gehen.«

Teilnehmer 2: »Mit der *Pelikan* sind wir auch mal gefahren. Und zwar durch den Panamakanal. Diesen Winter wollen wir mit Hurtigruten zum Nordkap fahren, um uns das Nordlicht anzusehen.«

Teilnehmer 3: »Da waren wir im letzten Jahr, das lohnt sich.«

Teilnehmer 1: »Und eine Weltreise haben wir auch gebucht. Einmal ganz rum. Das muss einfach sein.«

Zustimmendes Nicken. Das hat jeder vor. Irgendwann.

An Land tauscht man sich vielleicht über seinen Beruf, die Kinder oder über seinen Heimatort aus. Auf See aber über die schon absolvierten oder geplanten Kreuzfahrten. Diese werden wie ein Lebenslauf heruntergerattert. Da die meisten schon oft unterwegs waren, ist so für genügend Stoff gesorgt.

Mit unserer aktuellen Tafelrunde wird es jetzt aber ein bisschen eng in puncto Gesprächsstoff, und zwar schon bevor der Hauptgang serviert ist. Die Karlsruher und die Nürnberger beginnen ein angeregtes Gespräch über ihre Statuspunkte und die Vergünstigungen, die sie deshalb beziehen.

»Wir hatten diesmal auch einen Obstkorb auf der Kabine, weil wir Silber haben«, sagt die Nürnbergerin.

»Das hatten wir auch«, antwortet der Karlsruher mit einem überlegenen Lächeln. »Nach dieser Reise werden wir genug Punkte für eine Goldkarte haben.«

Kreuzfahren ist nämlich genauso wie Fliegen oder Bahnfahren. Sie erhalten Meilen gutgeschrieben, je mehr Sie reisen. Und man umpuschelt Sie mit kleinen Privilegien. Sie können dann beispielsweise eine halbe Stunde kostenlos im Internet surfen oder werden auf eine Cocktailparty eingeladen, zu der nur Leute mit Meilen erscheinen dürfen. Auch Rabatte beim Buchen räumt man Ihnen ein.

Meine Mutter und ich verstummen. Bei diesem Sujet sind wir außen vor. Zwar sind wir überall automatisch Clubmitglied, weil wir bei so vielen mal mitgefahren sind. Tatsächlich haben wir als Wiederholungstäter sogar einmal zwei Prozent Rabatt auf den Reisepreis erhalten. Selbst dort hatten wir jedoch nie den entscheidenden Klick getan, um unsere Mitgliedschaft zu bestätigen.

Auch wenn die Kreuzfahrtgesellschaften uns als Quasimitglieder führen, haben wir nicht den blassesten Schimmer von unserem aktuellen Punktestatus. Unser mangelnder Enthusiasmus für die Angelegenheit begründet sich daher, dass es eben doch nicht ganz so läuft wie bei der Lufthansa oder der Bahn. Zumindest habe ich bisher noch nie davon gehört, dass man ab einem bestimmten Punktestatus für seine Seemeilen eine Kreuzfahrt kostenlos bekommt.

Allerdings hat auch die Bahn mal klein angefangen. Vielleicht nicht gerade mit Obstkörben, aber so ähnlich. Bei Freifahrten würden wir sofort »Hier« schreien. Dafür würden wir uns brav überall registrieren und alle Hebel in Bewegung setzen, um unsere im Computer der Kreuzfahrtgesellschaften schlummernden Punkte zu aktivieren. Aber wegen eines Obstkorbs?

Die Schweizer schalten sich jetzt interessiert ein. Sie waren noch nicht so oft unterwegs und haben deshalb noch keinen Anspruch auf einen Obstkorb.

»Wir konnten sogar unsere Kabine upgraden wegen unserem Status«, erläutert der Nürnberger mit stolzgeschwellter Brust.

»Und einen bevorzugten Check-in hat man auch«, triumphiert der Karlsruher.

Der Hauptgang wird aufgetragen. Bei mir gibt es Zucchini- und Auberginen-Piccata, serviert mit Couscous und Marinara-Soße. Meine Mutter bekommt den sautierten Granatbarsch mit brauner Kapernbutter, Brokkoli, Petersilienkartoffeln und Spinat.

Das Gespräch wechselt kurz zur Qualität des Essens. Jeder kommentiert sein Gericht.

Doch als ich mich gerade frage, wie ich noch den Nachtisch durchhalten soll, läutet der Nürnberger mit gewichtiger Miene den Höhepunkt des Tischgesprächs ein: den Katastrophen-Small-Talk. Bei diesen Veteranenerzählungen geht es darum, wer die größten Katastrophen auf See erlebt hat.

»Meine Frau hat die *Costa Concordia* gesehen, als wir in Genua ausgelaufen sind. Sie liegt dort im Hafen und wird abgewrackt.«

Mir fällt fast die Gabel ins Essen. Ausgerechnet diese nichtssagenden Leute haben die *Costa Concordia* gesehen? Die? Und nicht etwa wir, die wir doch den ganzen Tag rotieren, um bloß nichts zu verpassen! Das gibt es doch nicht!

Da glaubt man, sie hängen nur scheintot vor dem Fernseher oder zählen ihre Statuspunkte. Dabei verschaffen sie sich ganz en passant quasi eine nachträgliche Teilnahme am größten

Kreuzfahrtunglück unserer Zeit und sind allen anderen damit weit voraus.

Verstehen Sie mich bitte nicht falsch. Das war ein schreckliches Unglück mit 32 Toten und unzähligen Verletzten. Und sicher ein großer Schock für alle Beteiligten. Selbstverständlich bin ich froh, dass ich nicht dabei war.

Trotzdem: Die haben die *Costa Concordia* gesehen. Für Kreuzfahrtfreaks – und dazu zähle ich mich – ein legendäres Erlebnis.

Wir dagegen hatten das Unglücksschiff nicht mal auf dem Radar. Dabei weiß doch jedes Kind, dass die *Costa Concordia* in Genua abgewrackt wird.

Die Nürnberger sind allerdings auch im Vorteil, weil sie eine Kabine auf der Backbordseite bewohnen. Auf unserer Seite hat sich die Ruine gar nicht gezeigt.

Hätten wir allerdings geahnt, dass das Wrack dort auf uns wartet, wären wir stante pede an Deck gestürmt, um uns einen besseren Rundblick über den Hafen zu verschaffen. Und hätten wir schon zu Hause daran gedacht, wären wir wohl gleich mit einem Fernglas angerückt.

Wie konnte uns solch ein Fehler unterlaufen? Da verpasst man doch tatsächlich den großen Clou, weil man zu viel auf dem Zettel hat.

»Freunde von uns sind auf der *Concordia* mitgefahren.«

Jetzt setzt die Karlsruherin doch tatsächlich noch einen drauf. Das kann ja wohl nicht wahr sein! Auch die haben hier mehr zu bieten als wir. Wir kennen niemanden, der bei dem Unglück dabei war.

»Und wissen Sie, was die mit ihrer Entschädigung gemacht

haben?« Sie zögert einen Moment und versenkt ihren Löffel in einer Kugel Erdbeereis.

Ihr Mann kann es nicht abwarten und platzt heraus: »Die haben augenblicklich eine neue Kreuzfahrt gebucht.«

Womit werden uns diese Langweiler gleich noch übertrumpfen? Einem Noroviren-Ausbruch vor Mexiko? Einer Quarantäne vor Cádiz? Einem schweren Sturm in der Biskaya mit von Monsterwellen eingeschlagenen Scheiben? Oder gleich einem Maschinenschaden im Indischen Ozean?

Wie bei der *Costa Concordia* muss man das alles nicht mal selbst erlebt haben, um bei Tisch zu punkten. Es reicht völlig, wenn man jemanden kennt, der mit von der Partie war.

Meine Mutter lauert noch auf eine günstige Gelegenheit, um unsere Karten auszuspielen. Die kommt beim Stichwort »Neapel«. Etwa da fahren wir nämlich gerade vorbei. Meine Mutter hat mal eine Woche mit einem Schlaganfall in einem Krankenhaus in Neapel gelegen. Das war zwar gar nicht auf einer Kreuzfahrt, aber dieser Debattenbeitrag schindet trotzdem immer mächtig Eindruck. Und wir müssen hier ganz offensichtlich alles in die Waagschale werfen, um mitzuhalten.

Nach dem Dessert sagen wir unserem Tisch Gute Nacht. Auf dieser Reise werden wir nicht noch mal abends im Restaurant erscheinen. Zu viele andere Attraktionen warten auf uns. Doch am letzten Tag, als unsere Reise in Genua endet, springen wir extra früh aus dem Bett, um nach der *Costa Concordia* Ausschau zu halten.

Und siehe da: Ein gelber *Costa*-Schornstein ragt aus einem rostigen Koloss heraus. Der Unglücksdampfer ist immer noch riesengroß, obwohl die obersten Stockwerke schon abgebaut sind. Wie Ameisen mit roten Helmen wuseln Arbeiter auf dem Geisterschiff herum. Ihr metallisches Hämmern klingt noch in unseren Ohren, als wir längst vorbeigefahren sind. Wie gruselig!

Aber was für ein Glück, dass uns unsere einschläfernden Tischnachbarn auf dieses Katastrophen-Highlight aufmerksam gemacht haben. Denn bald wird dieses rostige Skelett für immer verschwunden sein. Nicht auszudenken, wenn wir das verpasst hätten.

Rettungsringe für Anfänger

♦ Mangelt es Ihrem Tisch im Restaurant an Esprit, können Sie sich umsetzen lassen. Natürlich nicht wegen der langweiligen Gesellschaft, sondern weil es zieht oder zu unruhig ist.

♦ Wenn Sie noch keine Kreuzfahrt gemacht haben, erzählen Sie beim Tischgespräch einfach von Ihren Plänen für die Zukunft. Am besten kommen Sie gleich mit einer Weltreise. Dass Sie noch nicht gebucht haben, muss ja keiner wissen.

♦ Wenn Sie Small Talk absolut vermeiden wollen, gehen Sie einfach ins Büfettrestaurant, bestellen den Zimmerservice oder essen in einem der vielen Zuzahlrestaurants.

Die Pommes-mit-Smarties-Diät

Essen ist die halbe Kreuzfahrt

Kreuzfahrt heißt für viele vor allem schlemmen, vom Frühaufstehersnack um vier Uhr morgens bis zum Mitternachtsimbiss. An der gigantischen Büfettlandschaft kann man sich dazu nicht nur die tablettgroßen Teller füllen, bis sie überquellen, auch ein Nachschlag ist jederzeit drin. Paradiesische Zustände also?

Nicht ganz, müssen wir doch immerzu an zwei Fronten kämpfen. An der einen müssen wir den ambitionierten Küchenchefs das abringen, wonach es uns in Wahrheit gelüstet. Das ist nämlich nicht unbedingt identisch mit dem, was deren überkandidelten Fantasien entspringt. An der anderen ringen wir mit unseren Pfunden. Schließlich wollen wir keine Kleidergröße mehr tragen, wenn wir von Bord gehen.

Hier die Balance zu halten ist beileibe kein Kinderspiel. Selbst wenn wir uns den Bauch gar nicht vollschlagen wollen, locken uns ständig kulinarische Köstlichkeiten aus aller Welt in ihren Warmhaltebecken.

»Nimm doch wenigstens so ein kleines Schippchen von mir«, flirtet uns die Seezunge Provençale an, wenn wir unschlüssig vor ihr stehen. »Siehst du denn nicht, wie ich mich für dich herausgeputzt habe? Habe mir extra noch dieses reizende Zweiglein Thymian aufgesetzt.«

Na gut, da wollen wir mal nicht so sein. Auch für die Spezialität des Landes, dessen Küste wir gerade passieren, findet sich auf unserem Teller noch ein Plätzchen.

Da wir an Land natürlich nicht extra essen – schließlich haben wir hier ja Vollpension –, ist es doch nur richtig, unseren Horizont wenigstens auf die Weise zu erweitern und einen Happen der landesüblichen Küche zu probieren.

Gleich neben der Seezunge und den lokalen Leckereien warten auch noch die neuesten internationalen Food-Trends auf uns. Sterneköche haben sie extra für uns kreiert. Sushi, Teppanyaki, Churrasco? Alles da.

Doch was ist, wenn es uns eher nach Altbekanntem gelüstet als nach kulinarischen Innovationen und exotischer Küche? Ich etwa habe die Spitzengastronomie schnell satt.

Die Prinzessin und ich sind seit einigen Tagen auf unserem Luxuskahn. Gerade haben wir einen ausführlichen Bummel über Deck 2 und 3 unternommen. Haben in den Läden die Seifen und Schokoladen mit Logo der Kreuzfahrtgesellschaft besichtigt, abgewogen, ob wir uns lieber Glitzerbänder kaufen, an denen wir unsere Bordkarten um den Hals tragen, oder doch lieber Lesezeichen mit Abbildung des Schiffs. Auch beim russischen Basar haben wir schon vorbeigeschaut, bei dem man alles Mögliche, vor allem aber Matroschka-Puppen kaufen kann. Links liegen gelassen haben wir nur die Einladung der Ärztin aus dem Wellnesscenter. Sie wollte uns nämlich gern über eine Gesichtsverjüngung beraten. Pah. Als ob wir so was nötig hätten!

Lieber begeben wir uns am Büfett auf die Jagd. Hier systematisch vorzugehen ist schier unmöglich. Erst alles ablaufen, um sich einen Überblick zu verschaffen, entspräche ungefähr dem Weg von meiner Wohnung zum Kiosk um die Ecke.

Allein in unserem Abschnitt des Büfetts beanspruchen die Vorspeisen acht Meter für sich. Doch war da nicht gestern so eine leckere kleine Ziegenkäse-Quiche? Ist die vielleicht heute nur an der Theke auf der Steuerbordseite zu haben? Denn auf der anderen Seite ist auch noch was. Nee, da will man jetzt nicht auch noch hinlaufen, sonst wird das Essen auf dem Teller kalt.

Aber was gibt es da drüben, wo die lange Schlange davorsteht? Sollte man sich da noch mal auf gut Glück anstellen?

Keine Chance also, meine Mahlzeit vernünftig zu planen. Die Menüschilder am Eingang habe ich natürlich nicht gelesen. Wer hat dazu schon Lust?

Lieber wird man Jäger und Sammler und rafft zusammen, was auf den Teller geht. Das führt zwar zu merkwürdigen Kompositionen, aber was soll's!

Leider sind die Fensterplätze im Ägäis-Büfettrestaurant auf Deck 9 schon alle belegt, doch auch von dem Sechsertisch in der Nähe der Getränkestation blicken wir auf das Meer.

Auf meinem Teller liegt die Seezunge Provençale in Gesellschaft des Lammkoteletts mit Mandelkruste. Daneben befinden sich ein Hähnchenspieß und ein Stück Pizza Margherita. Außerdem habe ich den Risotto mit Spargel genommen und die gebackenen Auberginen mit Thymian vom Antipasti-Büfett. Zum Probieren liegen da dann noch fünf Tortellini in Nuss-Kräuter-Soße. Auch bei den Salaten habe ich mich nicht größer zurückgehalten. Sowohl vom Couscous-Salat wie auch von der

Roten Bete und dem Fenchel-Tomaten-Salat habe ich jeweils eine ordentliche Schippe genommen.

Vorspeisen und Hauptgerichte kommen bei mir gleich auf einen Teller. Das erspart mir einen weiteren Gang durch das Theken-Labyrinth. Labyrinth deshalb, weil sich ständig etwas ändert. Wo sich gestern der gebackene Blumenkohl präsentierte, starrt man heute auf eine leere Scheibe.

Mit den Desserts sieht es anders aus. Dafür stehe ich liebend gern noch einmal auf und nehme mir gleich mehrere der auf kleinen Schalen wartenden Biskuitrollen mit Erdbeercreme oder in Gläschen gefüllten Mousse au Chocolats mit einem Johannisbeerzweig obendrauf.

Die Prinzessin hat sich von der Köchin Stephanie am Wok Nudeln und Gemüse nach ihren Wünschen zubereiten lassen und sich daneben massenweise Salatblätter auf den Teller gehäuft.

Vor uns stehen Gläser mit leckerer hausgemachter Limonade, die dazu kostenlos ist. So etwas habe ich das letzte Mal getrunken, als ich mit sechzehn einen Sommer in den USA verbrachte. Ein Drink also mit spezieller Nostalgienote!

Doch etwas nagt an mir: »Auf anderen Schiffen gibt es immer Pommes. Ob die sich hier dafür zu vornehm sind? Diese ganzen Kartöffelchen mit Rosmarin. Gekocht, gebacken, gebraten, als Salat. Alle wollen doch wohl die Pommes, oder? Woanders öffnet mittags die Grillstation am Pool. Da kann man sich Pommes und Burger holen. Man will sich doch nicht wochenlang nur von Zitronenhähnchen, Lachsfilet und Ratatouille ernähren. Wir sind doch im Urlaub.«

Dabei ließ es sich hier doch so gut an. Schon zur Sail-Away-

Party wurden Pommes und Currywurst gereicht. Als deutsche Spezialität. Aber dann: Nichts mehr!

Just in diesem Moment taucht als Retter in der Not unser philippinischer Kellner Alfredo auf. Abends bedient er uns immer im Restaurant.

»Alles in Ordnung?«, fragt er.

»Wir vermissen die Pommes«, stimmt die Prinzessin in meine Nörgelei ein.

»Soll ich Ihnen welche holen?« Er strahlt, als hätten wir nicht verwöhntes Gemecker, sondern ein Lob von uns gegeben.

»Gibt es denn welche?«, frage ich skeptisch.

Er nickt.

»Aber wo? Seit Tagen suche ich die schon.«

Er deutet zum Heck, wo sich der Pool befindet.

»Ich hole sie Ihnen vom Grill.«

»Da ist ein Grill?«

Er nickt stolz und läuft in Richtung Heck.

»So was. Den Grill haben wir noch gar nicht gesehen«, sage ich verdattert. »Diese Schiffe sind so groß, dass man immer etwas übersieht.«

»Hoffentlich bringt er uns auch Ketchup mit«, sagt die Prinzessin.

Alfredo macht alles richtig. Er kommt mit einem riesigen Teller voller Pommes und einer Handvoll kleiner Ketchuptüten zurück.

Begeistert bedanken wir uns und machen den ganzen Teller ratzeputz leer.

»Scheint ein Geheimtipp zu sein mit den Pommes«, mutmaße

ich. »Komisch, dass sie die so verstecken. Ob das eine Erziehungsmaßnahme ist?«

Am nächsten Mittag werde ich allen Food-Trends und Küchen der Welt die kalte Schulter zeigen und mich in die Schlange für einen Burger mit Pommes anstellen. Doch von wegen Geheimtipp. Nirgends ist die Schlange so lang wie hier.

Am Abend unseres Pommes-Erlebnisses gibt es dazu noch einen Nachklapp. Als im Restaurant unser Hauptgericht serviert wird – bei mir gibt es das Karotten-, Erbsen- und Bohnen-Biryani mit Zwiebeln und Minze –, prahlen wir vor unseren Tischnachbarinnen mit unserem Fritten-Beutezug.

Ulla und Jutta sind zwei lebenslustige Sechzigjährige aus Ostwestfalen, mit denen wir uns vom ersten Tag an blendend verstehen.

Ulla blickt mit leuchtenden Augen von ihrer orientalischen Entenbrust mit Kokossoße auf.

»Ob man die hier wohl auch bekommt?«

Abschätzig mustert sie den wohlgeformten Berg Reis auf ihrem Teller. Dann wendet sie sich um und sucht den Raum nach Alfredo ab, der gerade mit einer riesigen Pfeffermühle am Nebentisch hantiert.

Er nimmt Ullas Bestellung mit seinem üblichen Enthusiasmus auf. Als würde er eine Provision kassieren, wenn er noch mehr Essen auf den Tisch stellt. Überspringen wir mal einen Gang, zieht er dagegen einen Flunsch.

Kaum stehen die Pommes auf dem eleganten Designerteller auf dem Tisch, schiebt Ulla mit ihrem Messer einen Haufen goldgelber Stäbchen neben ihre Ente.

»Hmmmm«, macht sie, als sie die ersten Pommes auf ihre Gabel gespießt hat, »das hat mir hier echt gefehlt.«

Schon schnippt ein Engländer vom Nebentisch ungeduldig mit den Fingern nach Alfredo. Als dieser zu ihm an den Tisch tritt, deutet der Mann auf Ullas Pommes. Kurze Zeit später wird auch an diesem Tisch ein riesiger Berg Fritten zu den Delikatessen aus aller Welt serviert. Was sein muss, muss eben sein!

Dass ein bisschen große weite Welt schnuppern, wenn es ums Essen geht, ganz nett ist, man dann aber doch lieber beim Bewährten bleibt, bestätigt auch ein Artikel, den Hans Schloemer in der »Welt« verfasst hat. Darin schreibt er: »Abends bleiben Languste und Hummer relativ unberührt, wenn daneben der Sauerbraten lockt, noch so ein *Aida*-Phänomen.«

Von wegen *Aida*-Phänomen. In einem Interview mit dem Kulinarik-Manager der Holland America Line in einer Beilage der »Zeit« lese ich, dass Hummer bei Europäern viel weniger beliebt ist als bei Amerikanern. Holländer und Deutsche sind daran nicht interessiert, greifen aber gern zur Seezunge. Die dagegen würden Amerikaner links liegen lassen.

Noch radikaler trieb es einmal eine Frau, die sich am extra niedrigen Kinderbüfett bediente. Das »Kids-only«-Schild nonchalant ignorierend, stellte sie sich hinter drei achtjährigen Jungen mit schokoladenverschmierten T-Shirts an. Als sie an der Reihe war, beugte sie sich tief zu der niedrigen Kindertheke hinunter und füllte ihren Teller zu einer Hälfte mit Pommes. Die andere war für die mit einer bunten Schicht Smarties dekorierten Cupcakes reserviert. Mit dieser Ladung steuerte sie zurück in Richtung Pool.

So sehen Kreuzfahrtschlemmerträume letztlich in Wahrheit aus. All die geräucherten Hähnchenbrüste mit Nektarinen-Chutney und gegrillten Thunfisch-Steaks Niçoise können mit solchen Leckereien leider nicht konkurrieren.

Pommes brauchen auch weder Dekoration noch poetische Worte. Alle anderen Gerichte dagegen haben wunderschöne Namen. Die kleinen Schilder vor den einzelnen Speisen am Büfett lesen sich wie aus einem Poesiealbum. Und an der abendlichen Karte im Restaurant hat sich wahrscheinlich ein Heer von Werbetextern verausgabt.

Bei all diesem lyrischen Talent hat man Sorge, dass aus Pommes mit Ketchup irgendwann wird: fettgebackene Kartoffelstreifen an Jus aus Gartentomaten à la Americaine.

Und wie hübsch alles angerichtet ist. Außer den Pommes sind alle Gerichte geschminkt und aufgerüscht bis zum Abwinken. Hier ist mit viel Liebe zum Detail eine Palme in die Soße gemalt. Dort flattert ein Blatt Basilikum auf der Tomate, hier thront ein wenig Dill. Am Tellerrand räkelt sich eine gerollte Scheibe Radieschen auf einer Kiwi. Bei diesem Augenschmaus muss doch wohl jedem das Wasser im Mund zusammenlaufen.

Doch was mit einem Fanfarenstoß angekündigt wird und mit so vielen klimpernden Orden daherkommt, kann fast nur enttäuschen, wenn man es sich dann auf der Zunge zergehen lässt.

Das soll keine Kritik an der Qualität des Kreuzfahrtessens sein. Nur einmal fand ich die Küche auf einem Kreuzfahrtschiff eher mäßig. Aber so richtig herausragend war es eben auch nur einmal. Doch was einem schmeckt, ist natürlich eine ganz individuelle Angelegenheit. Denn über Geschmack lässt sich bekanntlich nicht streiten.

Deshalb kann es Ihnen nur wurscht sein, wie ich das Essen beurteile, und es spielt auch keine Rolle, was Restauranttester dazu meinen, die bei Fernsehberichten über Kreuzfahrten so gern ins Spiel gebracht werden. Gerade das Schiff, auf dem ich das Essen mäßig fand, steht bei vielen besonders hoch im Kurs.

Beliebt bei Fernsehsendungen ist es auch, Gäste um ein kurzes Statement über das Büfett zu bitten. Da hören Sie dann Aussagen wie »Kantinenfraß«, und dazu schüttelt sich ein Mann mit Wampe, als wäre er Besseres gewohnt.

Ich finde das ziemlich übertrieben. Zumindest war ich noch nie in einer Kantine von dieser Qualität. Aber so unterschiedlich sind die Geschmäcker.

Nicht nur zwischen den einzelnen Reedereien gibt es Unterschiede, was deren Karten angeht. Interessanterweise ist das Angebot auch von Schiff zu Schiff unterschiedlich, selbst wenn alle zur selben Flotte gehören. Ja, sogar von Tour zu Tour kann das Essen variieren, tüfteln die Food-Designer und Köche doch laufend an ihren Speisen herum.

Die Nationalität des Schiffes scheint beim Geschmackserlebnis nur ein untergeordnete Rolle zu spielen. Schmecken oder nicht schmecken kann es einem überall. Egal, ob auf Deutsch, Italienisch oder Amerikanisch.

Manch einer nimmt als Souvenir einen persönlichen Rettungsring mit von Bord. Drei bis fünf Kilo legen Passagiere im Durchschnitt zu, sagt Patricia Birke, die Vertreterin von *Aida* und *Costa*, auf einer Werbeveranstaltung für ihre Schiffe.

Irgendwohin müssen ja die 6000 Kilo Wassermelonen, die 3000 Kilo Honigmelonen oder die 3000 Kilo Salat wandern, die ein großes Schiff in einer Woche verbraucht. Von den 31 Tonnen Gemüse, 8 Tonnen Geflügel und 86000 Eiern mal ganz abgesehen.

Erstaunlicherweise gibt es noch keine Diätklinik an Bord. TUI bietet ihren Gästen immerhin schon eine individuelle Ernährungsberatung auf ihren Schiffen an. Aber wenn man das schon hört: Ernährungsberatung! Wer will sich schon mit so was den Urlaub verderben?

Weil die Kreuzfahrtgesellschaften uns in puncto Gewichthalten so gnadenlos hängen lassen, habe ich einmal die ultimative Kreuzfahrtdiät selbst entworfen. Meine Pommes-mit-Smarties-Diät besteht genau aus den Zutaten, die sie in ihrem Namen trägt. Ihr Vorteil ist, dass man genau das isst, wozu man auch greift, wenn man nicht auf Diät ist. Damit hätte man alle Fliegen mit einer Klappe geschlagen.

Das ganze Ernährungsberatungs-Gedöns versperrt den Blick auf das Wesentliche. Abnehmen ist nämlich in Wahrheit furchtbar einfach. Ohne Witz: Sie müssen nur weniger Kalorien pro Tag zu sich nehmen, als Sie verbrauchen. Das Einzige, was Sie benötigen, ist eine Kalorientabelle. Das ist natürlich zu simpel, um damit Geld zu verdienen, deshalb wird überall ein Riesenbrimborium daraus gemacht.

Sport können Sie treiben oder auch nicht. Natürlich ist es besser, sich zu bewegen. Doch sich einzureden, man würde abnehmen, weil man nun Sport macht, ist reine Augenwischerei.

Nehmen wir der Einfachheit halber einmal an, Sie sind eine Frau und zwischen 51 und 65 Jahre alt. Der Website der Techniker Krankenkasse entnehme ich, dass Ihr täglicher Kalorienverbrauch bei 1 800 Kalorien liegt. Das ist die eine Seite der Bilanz.

Jetzt zur anderen Seite: Laut Internet haben 100 Gramm Pommes zwischen 250 und 300 Kalorien. Als eine Portion gelten 150 Gramm, die mit 437 Kalorien zu Buche schlagen sollen.

Okay, ein bisschen Verzicht muss sein. Bei mir gibt es nur 100-Gramm-Portionen. Dafür aber dreimal am Tag. Das ergibt also etwa 900 Kalorien, wenn wir vorsichtshalber den höheren Wert ansetzen.

Bei Smarties sind die Angaben genauer. Siebzehn Smarties sollen 20 Gramm entsprechen und 93 Kalorien enthalten. Dreimal am Tag 93 Kalorien ergibt 279 Kalorien.

900 für die Pommes und 279 für die Smarties ergibt 1 179 Kalorien. Da dürfen Sie zum Frühstück noch einen Kaffee mit Milch und Zucker trinken, den rechne ich noch mit 50 Kalorien ein. Dann liegt Ihre tägliche Kalorienzufuhr bei 1 229. Sie müssten dann aber den Rest des Tages bitte beim Wasser bleiben.

Bei einem Kalorienverbrauch von 1 800 Kalorien am Tag nehmen Sie jetzt 571 Kalorien weniger zu sich als benötigt. Damit sollten Sie ein gutes Pfund pro Woche abnehmen. Wer sich viel bewegt, ist schneller am Ziel.

Und wenn Sie gar nicht abspecken, sondern einfach nur Ihr Gewicht halten wollen: umso besser! Dann haben Sie jetzt ein Guthaben von 571 Kalorien, das Sie etwa mit 1,25 Liter Bier oder drei Gläsern Rotwein verbraten können.

Okay, okay. Es gibt tausend Gründe, die gegen meine Diät sprechen. Ja, das ist ungesund. Ja, Sie ernähren sich nicht richtig. Ja, es gibt noch mehr zu beachten. Das ist fett und viel zu süß und birgt alle möglichen gesundheitlichen Gefahren. Diätberater und Ärzte werden Ihnen davon natürlich vehement abraten, stattdessen zu Obst, Gemüse und Vollkornbrot. Und auch ich rate Ihnen selbstverständlich dazu.

Und zugegeben: Nach ein paar Tagen wollen Sie ein bisschen Abwechslung, und das ist auch gut so. Aber das sollte ja kein Problem sein, dann könnten Sie beispielsweise zur Hummer-Erdbeertörtchen-Diät wechseln. Und Spaß beiseite: Wichtig ist nur eins – dass Sie die Mengen und die Kalorien im Griff haben. Abnehmen hat nämlich nichts damit zu tun, was Sie essen, sondern nur, wie viel Sie davon zu sich nehmen. FDH (»Friss die Hälfte«) ist immer noch das beste Motto. Auch auf Kreuzfahrten.

Kreuzfahrtgesellschaften können die Pommes-mit-Smarties-Diät übrigens gern bei mir lizenzieren!

Meine To-eat-Liste für zukünftige Kreuzfahrten

◆ Kaviar

◆ Hummer

◆ Austern

◆ Rehrücken (beim letzten Mal habe ich gekniffen, weil auf der Karte die Warnung stand, dass sich noch Schrotkörner im Fleisch befinden könnten)

◆ Das Hundertjährige Ei, das es auf den Jangtse-Touren geben soll

◆ Wachteln

◆ Taube

◆ Froschschenkel

Und als Erweiterung der Menükarte könnte ich mir folgende Leckerbissen gut vorstellen:

◆ Heuschrecken im Sesammantel, frittiert oder gekocht in Schokosauce

◆ Cuy Chactado – Gebratenes Meerschweinchen

◆ Kängurugulasch

Rettungsringe für Anfänger

◆ Wenn Sie ein Schiff auswählen, beachten Sie, dass sich die Küche an der Mehrheit der Gäste orientiert und auch das Herkunftsland der Kreuzfahrtgesellschaft darauf abfärbt. Auch wenn natürlich überall international gekocht wird. Wenn viele Japaner und Engländer an Bord sind, gibt es eben auch Miso-Suppe und Porridge zum Frühstück. Das müssen Sie nicht nehmen, aber es schränkt Ihre eigene Auswahl ein. Auf einem deutschen Schiff ist die Küche dann eben ein bisschen deutscher, auf einem italienischen einen Tick italienischer, auf einem amerikanischen ...

Let's party away the night!

Nachtleben: Feiern, wie's gefällt

Um die Gäste in Partystimmung zu versetzen, lassen sich die Veranstalter so einiges einfallen. Gerade auch die Ü-30-Generation ist aufgefordert, kräftig das Tanzbein zu schwingen. Manche Festivität ist nur ein dumpfes Rumtata mit Schunkeln, doch mit etwas Glück findet man sich in einer Szenerie wieder, die einem Roman entsprungen sein könnte.

Mein erstes Wiesn-Erlebnis habe ich auf hoher See, als wir die Nordspitze Dänemarks umrunden. An Seetagen spaziere ich gern über das Pooldeck, lasse mir den Wind um die Ohren wehen und schaue, was sich das Schiff an skurrilen Veranstaltungen für mich ausgedacht hat. Dabei fühle ich mich ganz wie ein Kapitän auf einem alten Schoner, der durch sein Fernrohr nahendes Land oder Piraten erspäht.

An diesem strahlenden Junivormittag werde ich nicht von Piraten, sondern erst einmal von einer Massagevorführung überrascht, bei der die Damen vom Spa ihre Künste an einem Mann mit freiem Oberkörper demonstrieren. Während wir zur Bühne schauen, hängen die philippinischen Barkeeper überall Girlanden mit blau-weißen Wimpeln auf. Dann karren sie ein Bierfass hinter die Massageliege und stellen einen riesigen Brezelkorb daneben. Statt seiner üblichen Livree trägt das Personal jetzt karierte Hemden, Lederhosen und lustige Seppelhüte.

An einem anderen Tisch kann man Bierkrüge mit dem Logo der Kreuzfahrtgesellschaft kaufen. Ein Paar mit Kinderwagen will wohl gleich die ganze Verwandschaft mit einem Mitbringsel beglücken. Zwei Tüten sind schon mit Bierkrügen voll.

Um punkt elf wechselt die Musik von »Gloria« zu »I steh auf di«. Statt Italoschlagern ist jetzt Zünftiges dran. Die Massageliege samt Model wird in Richtung Aufzug gerollt. Das Animationsteam springt auf die Bühne und versucht sich gleich mal im Schunkeln. Alle tragen große Fliegenpilzhüte.

Ein braun gebrannter Mann mit Glatze legt den neusten Lee-Child-Krimi neben seine Liege und geht sich ein Bier holen. Zwei Schwedinnen in Bikinis kramen ihre Pareos hervor, binden sie über die Hüften, schlüpfen in die neben den Liegen abgestellten Frotteepantoffeln mit Schiffslogo und reihen sich in die Polonaise um den Pool ein.

Ein paar besonders Eifrige haben sogar das eigene Dirndl mitgebracht. Die Mehrheit döst indessen ungerührt von der Gaudi in der Sonne.

Als von Udo Jürgens »Ich war noch niemals in New York« erschallt, springt eine schwarze Frau mit Zöpfchenfrisur auf, streckt die Arme über den Kopf und schwenkt sie von einer Seite zur anderen. Ihre Freundin schiebt ihre Sonnenbrille hoch und beißt in eine Brezel.

Genauso abrupt wie die Party angefangen hat, ist sie auch wieder zu Ende.

»*Azzurro. Il pomeriggio è troppo azzurro e lungo per me …*« schmettert Adriano Celentano plötzlich aus den Lautsprechern.

Die Barkeeper stellen beim Kostümwechsel jede Revuetruppe in den Schatten. Als sie die Girlanden entfernen und das Bierfass wegkarren, tragen sie schon wieder ihre normale Arbeitsuniform.

Verblüfft stemme ich mich aus meiner Liege. Einen gewissen schrägen Charme kann man der Veranstaltung sicher nicht absprechen. Gerade weil alles so gehetzt und flach ist. Doch um so richtig in Feierlaune zu geraten, muss man schon ein sehr hartgesottener Wiesn-Fan oder von einer mehrtägigen Atlantiküberquerung völlig angeödet sein. In irgendeiner Ecke des Schiffes findet aber bestimmt schon die nächste Party statt. Und die ist dann vielleicht mehr nach meinem Geschmack.

So wie die Party auf dem etwas besseren Schiff, auf dem ich mit der Prinzessin unterwegs bin. Dort ist heute Charleston-Abend. Unsere Tischnachbarin Ulla erscheint in einem glamourösen Twenties-Kleid mit langen Fransen und einer Federboa um den Hals zum Abendessen.

»Woher wussten Sie denn, dass Sie so ein Kleid brauchen würden?«, frage ich staunend. Denn wer hat denn, bitte schön, einen ganzen Koffer mit Kostümen dabei?

»Das hatten sie im Internet angekündigt. Kurz bevor wir losgefahren sind, habe ich mich noch mal auf die Seite mit meinen Reiseunterlagen eingeloggt, da stand, dass ein Roaring-Twenties-Abend angesetzt ist. Ich habe mir das Kleid noch schnell bei eBay bestellt.«

Man lernt nie aus! Auf die Idee, mich vorher per Internet über das richtige Outfit an Partytagen zu informieren, wäre ich wirklich nicht gekommen. Aber hätte das etwas geändert? Ich war schon immer ein Verkleidungsmuffel. Doch bei den Roaring Twenties wäre vielleicht sogar ich schwach geworden.

Vor allem so eine Federboa – für mich der Gipfel der mondänen Eleganz – wollte ich schon immer mal um meinen Hals wickeln. Warum diese Teile jemals außer Mode kamen, ist mir schleierhaft.

Die Prinzessin ist in ihrem Garçonne-Outfit auch für diesen Abend perfekt gestylt. Ich dagegen kann mit keinerlei Kostüm aufwarten.

Doch ich bin nicht die Einzige ohne passendes Outfit. Auch Ullas Freundin Jutta liegt mit ihrer Garderobe ziemlich daneben. Immer wieder schielt sie bewundernd zu einer Frau am Nebentisch. Die sieht mit ihrem mondänen Stirnband aus, als wäre sie beim großen Gatsby höchstpersönlich auf einer seiner legendären Feste auf Long Island zu Gast.

»Ich wusste das nicht mit den Roaring Twenties und dachte, es wäre wieder ›Black and White‹ an der Reihe«, sagt sie betrübt und blickt auf ihr langes schwarzes Abendkleid und ihren weißen Seidenschal hinunter.

»Black and White« steht bei dieser Route nicht auf dem Partyzettel, dabei ist es auch bei anderen Schiffen immer ein beliebtes Motto. Sich ganz in Schwarz und Weiß zu kleiden ist mit wenig Aufwand verbunden. Andere Schiffe veranstalten gleich eine White-Party, auf der man – Sie ahnen es schon – ganz in Weiß aufkreuzt. Beim Bella-Italia-Abend ist dann wieder Grün, Weiß und Rot angesagt. Auch Flower-Power, Rock 'n' Roll, Country oder ganz einfach Karneval bieten jede Menge Möglichkeiten, kreativ zu sein. Die Organisatoren scheuen keinen Aufwand, um die Partystimmung anzukurbeln.

Doch heute Abend ist eben Charleston angesagt. Im großen Art-déco-Ballsaal wirbeln die älteren Jahrgänge schon in Regimentsstärke über das Parkett. Ich setze bei Walzer und Co lieber eine Runde aus, weil ich Tanzschule mit vierzehn spießig fand. Und auch heute hopse ich lieber in Eigenregie auf dem Parkett herum, statt mich an festgelegte Schritte zu halten.

Die Prinzessin dagegen liebt Standardtänze. Auf unserer gemeinsamen Tour gibt es sogar Eintänzer, deren Job es ist, mit unbegleiteten Damen zu tanzen. Sie tragen Namensschilder wie alle Mitarbeiter des Schiffs und sind an ihrer Kleidung leicht zu erkennen. Heute Abend sind sie alle im eleganten Smoking angetanzt.

Die Prinzessin bringt sich in Position und hat gleich einen steinalten Eintänzer an der Angel, der sie höflich auf die Tanzfläche bittet. Während ich noch den beiden zusehe, bittet auch mich ein älterer Herr der gleichen Spezies zum Tanz. Ich lehne dankend ab.

Doch da stürmt die Prinzessin empört zurück. »Der hat mir doch tatsächlich geraten, erst mal ein paar Tanzkurse zu besuchen. Die wären hier an Bord kostenlos. Unverschämtheit!«

Nachdem der erste Ärger verraucht ist, revidiert sie ihre hitzige Einschätzung. »Na ja, nur weil ich vor Jahrzehnten in der Tanzschule mal ein Abzeichen gemacht habe, heißt das ja nicht, dass ich immer noch spitze bin. Vielleicht hatte er auch ein bisschen recht. Sein Job ist es ja nur, zu tanzen, nicht selbst zu unterrichten.«

Was ich am Roaring-Twenties-Abend vermisse, ist eine flotte Charleston-Sohle auf dem Parkett. Der Charleston hat ein irres

Tempo, und in den Armen halten muss man sich dabei auch nicht. Auf diesem Schiff sind eher Tänze angesagt, bei denen die Paare in gemächlichem Tempo dahinschweben. Dabei wäre ein Charleston meine Chance gewesen. Nicht, dass ich die Schritte kann. Doch bei diesem Tanz hätte ich mich von meiner eigenen Amateurhaftigkeit nicht abschrecken lassen. Denn mal ganz unter uns: Ich bilde mir ein, dass in mir eine begnadete Tänzerin steckt. Wenn ich nur wollte, könnte ich es doch garantiert besser als alle, die sich auf der Tanzfläche abmühen.

Auch dass Charleston etwas für Zwanzigjährige mit extrem guter Kondition ist, hätte mich nicht abgehalten. Tja, so bleibt der Welt halt vorenthalten, wie ich alle durch meine natürliche Grandezza ausboote, bei einer Disziplin, die ich gar nicht beherrsche.

Wir lassen die Standardtänze also Standardtänze sein und machen uns mit unseren Tischnachbarinnen auf in den Nachtclub auf Deck 10. Dort spielt eine ultracoole Band mit Hip-Hop-Namen gerade »Mambo No. 5«. Die vier Musiker sind schwarz und tragen immer Sonnenbrillen, wenn sie an Deck spielen. Nachts dimmen sie die Coolheit etwas runter und lassen die Brillen weg. Ihre Bewegungen sind minimalistisch. Der Sänger öffnet nur seinen Mund, der Bassist und der Keyboarder krümmen nur ihre Finger. Der Schlagzeuger muss sich etwas mehr ins Zeug legen, das bringt sein Instrument so mit sich.

Obwohl sie ausschließlich alte Partyhits spielen, umgibt sie die Aura einer Kultband. Die Prinzessin und ich sind schon seit dem ersten Tag unserer Reise ihre Fans.

Um die Tanzfläche gruppieren sich Nachtclubsessel, dazwischen stehen kleine Tische. Die von Säulen getragene Decke glitzert mit dem riesigen Art-déco-Leuchter um die Wette. Etwa zehn Nachtschwärmer schlürfen schon an ihren Drinks.

Auf der kreisrunden Tanzfläche müht sich bisher nur unsere Lieblingsanimateurin Sophie ab. »*Hello, party girls!*«, begrüßt sie uns. Sie schmeißt die Fäuste in die Luft und reckt den Hals vor, als befände sie sich inmitten einer tobenden Partymenge. Das macht sie mit solcher Inbrunst, als wäre sie auf der Feier ihres Lebens. Als das Lied zu Ende ist, hüpft sie zur Bühne, greift sich das Mikrofon und appelliert an alle potenziellen Tänzer.

»*Let's party away the night*«, ruft sie und hopst zu den ersten Klängen von »*Tainted Love*« zurück auf die Tanzfläche. Auch sie trägt heute ein Twenties-Kleid. Dazu niedliche kleine Spängchen in ihren langen Haaren, die sie immer wieder wild schüttelt.

Meine Begleiterinnen und ich lassen uns nicht lange bitten. Andere machen ja Wellness, ich versuche, meinen Verspannungen im Nacken beizukommen, indem ich mich gut durchschüttele. Für mich handelt es sich also nicht nur um Vergnügen, sondern um eine ernsthafte und noch dazu günstige Gesundheitsmaßnahme.

Zu Bob Marley trudelt dann nach und nach die gesamte Partyszene des Schiffs ein. Seit dem ersten Tag sind wir eine eingeschworene Gemeinschaft. Den Anfang machen die zwei Transvestiten, die vielleicht auch gar keine sind. Beide sind über einen Meter neunzig groß und sehr dünn. Die Haare sind zu akkuraten blonden Bubiköpfen gestutzt.

Gerade die Frisuren sprechen aber vielleicht dafür, dass es sich doch um Frauen handelt. Transvestiten hätten doch sicher rauschende Goldhaarperücken auf? Egal. Vielleicht sind die beiden auch nichts von dem Vermuteten, sondern einfach nur sie selbst.

Jeden Abend werfen sie sich in rauschende Seidenkleider und zwängen ihre Füße in silberne Riemchen-High-Heels. Egal, was die Combo spielt, sie walzen wie Störche, jedoch mit muskulösen Waden, über das Parkett.

Wieder gibt der Aufzug vor dem Nachtclub ein »Pling« von sich. Händchenhaltend spaziert das schwarz-weiße Paar aus Frankreich heraus. Er sieht aus wie Omar Sy aus »Ziemlich beste Freunde« und trägt verbotenerweise auch abends Jeans. Sie ist schwarzhaarig, sehr blass und in Farben und Muster gekleidet, mit denen sie auf einem Markt in Accra oder Ouagadougou nicht auffallen würde. Selbst ohne den passenden Turban zu ihrem Outfit.

Am selben Vormittag habe ich hinter ihr in einer Toiletten-schlange gestanden. Selbst dort hat sie noch Tanzschritte geübt. Mehr als dass sie Franzosen sind, habe ich nicht erfahren, dann war die Warterei schon vorbei. Allerdings stelle ich mir vor, dass sie irgendwo aus d'outre mer kommen. Einer tropischen Insel wie Martinique vielleicht? Oder eher Guadeloupe? Fin-den sie vielleicht die Ostsee mit ihren Regenwolken herrlich exotisch? So ganz anders als ihre sonnige Heimat?

So könnte es sein oder auch nicht. Vielleicht wohnen sie auch einfach in einem Vorort von Paris und sind ganz unspektakulär beim Finanzamt angestellt.

Unser absolutes Lieblingspaar aber sind Kim Cattrall und ihr Mann. Es ist natürlich nicht die echte Kim Cattrall, die Saman-tha in »*Sex and the City*« gespielt hat. Doch mit ihren blonden

Ponyfransen sieht sie der Schauspielerin zum Verwechseln ähnlich.

Kims Mann sitzt in einem elektrischen Rollstuhl. Ihr Tanzstil geht so: Sie wiegt sich in der Hüfte, er rollt um sie herum. Dabei halten sie sich an den Händen und sehen sich in die Augen.

Da die Hauptakteure so sehr vom durchschnittlichen Kreuzfahrtpublikum abweichen, wirken sie wie gecastet. Auch wir selbst fühlen uns hier wie Romanfiguren. Jeden Augenblick könnte sich in dieser geheimnisvollen Atmosphäre ein besonderes Ereignis entfalten.

Der Aufzug zum Nachtclub auf Deck 10 ähnelt Gleis 9¾, von dem Harry Potters Zug zum Zauberinternat abgeht. Für normale Leute ist das Gleis im Bahnhof King's Cross unsichtbar, ja, sie wissen nicht einmal von seiner Existenz. Doch die Eingeweihten entführt er in eine andere Welt.

Wenn man es noch einen Tick mystischer mag, könnte man in dem Aufzug auch eine moderne Form der Barke sehen, mit der die Priester zur heiligen Insel Avalon übersetzen. Nur wer die Losung kennt, kann die Barke rufen. Für alle anderen bleibt die Insel für immer von Nebel verhüllt.

Wir jedenfalls haben in die verzauberte Welt hineingefunden. Heute Abend sind noch ein paar Neue zu uns gestoßen. Eine Japanerin im grünen Flapper-Dress hottet sich die Seele aus dem Leib. Auch das nette Paar aus Hamburg, mit dem wir tagsüber im Tourbus gesessen haben, gibt sich die Ehre. Einige ältere Herrschaften zucken ebenfalls im Takt. Nicht jeder über siebzig steht nur auf Rumba oder Foxtrott.

Sophie streckt wieder die Arme in die Höhe und stößt anfeuernde »Huh«- und »Wow«-Laute aus. Dann schlägt die Uhr zwölf. Sophie hat Feierabend und verlässt die Tanzfläche. Das Gesicht unter ihrer mädchenhaften Aufmachung zeugt von vielen durchtanzten Nächten.

Auch wir machen Pause und lassen uns zu unseren Drinks in die Sessel plumpsen. Wenn einer den Anfang macht, machen es die anderen nach. Pause. Unsere Tischnachbarinnen lassen es für heute gut sein und gehen zu Bett. Das Tanzen flaut ab. Das passt der ultracoolen Band aber nicht in den Kram. Sie mag keine leere Tanzfläche. Auffordernd zeigt der Schlagzeuger mit seinen Drumsticks auf uns, um sie gleich darauf auf das Becken krachen zu lassen. Wir folgen dem Wink mit dem Drumstick und schwingen noch einmal das Tanzbein. Auch unsere neue japanische Freundin ist bereit für eine zweite Runde. Und als der ultracoole Sänger dann »*Viva la vida*« von Coldplay anstimmt, steigen alle wieder in den Ring: die Transvestitinnen, Kim Cattrall und ihr Mann und die Franzosen.

Nur ohne Sophie müssen wir auskommen. Sie muss früh raus, weil sie am nächsten Morgen den Aerobic-Kurs leitet und danach das Quiz. Aber wir schaffen es auch ohne sie to party away the night. Und auch, wenn das sich so geheimnisvoll ankündigende Ereignis auf dieser Reise im Nachtclub auf Deck 10 nicht eintritt, so hat sich ganz bestimmt auf einer der nächsten Fahrten etwas Außerordentliches getan. Egal, ob Liebesgeschichte, Spionagethriller oder übernatürliche Zauberei, wir werden bestimmt irgendwann davon erfahren.

Rettungsringe für Anfänger

♦ Auf einem Schiff ist so viel Platz, dass Partymuffel dem bunten Treiben jederzeit ausweichen können und dann von sämtlichen Albernheiten nichts mitbekommen. Keine Sorge. Sie könnten allerdings etwas verpassen!

Handtuch falten für Anfänger

Für ein neues Hobby ist es nie zu spät

»Was macht man denn da bloß den ganzen Tag?«, fragt meine Freundin Anna, als ich ihr erzähle, dass ich mal wieder eine Kreuzfahrt plane. Ihre Stimme lässt keinen Zweifel daran, dass sie auf einem Schiff vor Langeweile umkommen würde.

Dabei ist es doch genau umgekehrt: Es gibt so viel zu tun, dass sich der eine oder andere nach der Reise erst einmal erholen muss. Schließlich kann man Tausenderlei ausprobieren und vielleicht sogar ein neues Hobby entdecken. Handtuchfalten zum Beispiel.

Für alle, die noch nie auf einer Kreuzfahrt waren: An manchen Tagen kehren Sie abends in Ihre Kabine zurück und finden auf Ihrem Bett ein neu geschaffenes Kunstwerk. Aus den weißen Frotteehandtüchern hat Ihr Steward ein Knuddeltier gebastelt. Es hockt neben einem Nachthupferl-Schokolädchen und glotzt Sie durch Ihre eigene Lesebrille an. Handtuch-Origami ist für die Kreuzfahrtwelt, was Teppichknüpfen für den Orient und Porzellan für Meißen ist. Auf den meisten Schiffen gibt es diese Kunst all inclusive.

»Außer uns geht doch kein Mensch da hin«, sage ich zu meiner Mutter, als wir uns auf den Weg zur Grand Bar machen.

Am Vorabend haben wir in unserem Tagesprogramm von dem für elf Uhr angekündigten Handtuch-Faltkurs gelesen. Es ist ein trüber Seetag auf dem Schwarzen Meer. Sotschi liegt hinter uns, der Bosporus wird uns erst am frühen Morgen des nächsten Tages in Empfang nehmen. Bis dahin kann das Schwarze Meer weder mit zu passierenden Inseln noch mit Bohrtürmen oder Windparks aufwarten. Keine Brücke wird unterfahren, und selbst die Delfine machen sich rar. Dabei haben sie vor Sotschi noch eine Show hingelegt, als wollten sie in einem Aqua-Zoo anheuern.

Die einzige Unterhaltung bietet ein kleiner Vogel, der sich uns angeschlossen hat, statt selbst die Flügel zu schwingen. Beim Frühstück wollte er es sich doch glatt auf meinem Kopf bequem machen.

Weil es sich um ein kleines Schiff handelt, sind die Zerstreuungsmöglichkeiten begrenzt. Das macht den Handtuchfaltkurs zum Programmhöhepunkt dieses Vormittags.

»Hoffentlich haben die nicht schon aufgegeben, weil niemand gekommen ist«, sagt meine Mutter.

Wir sind spät dran. Dass außer uns noch jemand an dieser kuriosen Veranstaltung Spaß haben könnte, übersteigt unser Vorstellungsvermögen. Wie sehr man sich doch täuschen kann!

Zu unserer Verwunderung platzt die Grand Bar aus allen Nähten. Sämtliche Plüschsessel sind zur Seite geschoben und die Tische zusammengerückt, damit darauf Handtücher gerollt werden können. Etwa fünfzig Leute haben sich in Gruppen aufgeteilt und werkeln an dem Frottee herum. Ebenso viele schauen zu.

Direkt vor der kleinen Showbühne sind etliche akkurat gefaltete Handtücher auf einen Tisch gestapelt. Davor steht die

Kreuzfahrtdirektorin und verrenkt sich wie eine Stewardess bei der Demonstration der Sauerstoffmasken.

»Und jetzt die Ecke hierhin klappen«, sagt sie, ein großes weißes Handtuch hochhaltend.

Drei asiatische Kabinenstewards zu ihrer Rechten lassen ihre Blicke durch den Raum schweifen, um den Gruppen beizuspringen, die es nicht auf Anhieb hinkriegen.

Wir gesellen uns zu einem Tisch, der von der lauten Rheinländerin mit Perücke angeführt wird, die auf der Tour in Jalta neben uns im Bus gesessen hat.

»Das wird ein Schwan«, begrüßt sie uns und deutet auf das vor ihr liegende Gewurschtel. Ihre Wangen sind vor Eifer gerötet.

Der Schwan ist die Lieblingsbastelei aller Kabinenstewards. Nicht allzu kompliziert, macht er gleich mächtig was her. Ich kann mich an keine Kreuzfahrt erinnern, bei der er nicht mindestens einmal mit meiner Zweitbrille auf meinem Bett thronte.

Um uns herum wird gefaltet und gerollt, was das Zeug hält. Eine Ecke nach hier umgeklappt, eine nach da. Für einen Schwan benötigt man zwei Handtücher. Nachdem Sie das eine Handtuch fest zu einer liegenden Zwei geformt haben, richten Sie es auf. Das ist dann der Körper des Schwans. Dann falten Sie aus dem anderen Handtuch eine Ziehharmonika und drapieren diese um die Zwei. Jetzt hat Ihr Schwan auch Flügel. So leicht, wie es sich liest, ist es natürlich auch wieder nicht.

Die halbe Stunde ist um. Obwohl die Schwäne etwas erschöpft aussehen, fühlen sich die Teilnehmer bestens unterhalten. Keinen kratzt es, dass die Tiere die Hälse hängen lassen und auch ihre Flügel nicht halb so schön drapiert sind wie die ihrer Verwandten in unseren Kabinen.

»Üben Sie einfach auf Ihrer Kabine gleich weiter«, empfiehlt die Kreuzfahrtdirektorin. »Sie werden den Dreh schnell raushaben. Und Ihr Steward erklärt es Ihnen gern noch mal, wenn Sie Fragen haben.«

Die Perückenfrau strahlt. »Ich habe schon immer darüber nachgedacht, was mit den Handtüchern zu machen, wenn ich Gäste habe.«

»Wahnsinn«, sage ich leise zu meiner Mutter. »Für was sich die Leute so interessieren.« Ich kann es immer noch nicht fassen, dass derartig viele da waren.

»Die machen hier aus allem was«, sagt meine Mutter anerkennend.

Obwohl ich garantiert niemanden mit einem gefalteten Schwan auf dem Gästebett überraschen werde, lässt mich das skurrile Thema nicht mehr los. Es kommt mir vor, als hätte ich noch nie an einer so verrückten Veranstaltung teilgenommen.

Wieder zu Hause, google ich »Handtuch falten«. Und siehe da: Es gibt nicht nur eine Anleitung für den Schwan, sondern die echten Hardcore-Fans tauschen sich dort über die neuesten Falttechniken aus. Fasziniert schaue ich mir einige YouTube-Videos an.

Dort erfahre ich, dass Handtuch-Origami eine Kunst ist, die sich in Japan aus dem echten Origami entwickelt hat. Dafür benutzen Japaner bekanntlich Papier. Die Aussage zu den Ursprüngen in den YouTube-Videos steht jedoch im Widerspruch zu der von Alison Jenkins, deren Standardwerk »Die vergessene Kunst des Handtuch-Origami« ich mir ebenfalls anschaffe.

Die Autorin vertritt die Meinung, dass nicht bekannt ist, woher die Kunst des Handtuch-Origami stammt. Sie erwähnt aber zwei Entstehungsmythen. Der eine besagt, dass die Handtuch-Falterei auf die ägyptische Pharaonin Kleopatra zurückgeht. Ihre Dienerinnen sollen sie damit unterhalten haben, während die Königin in der Wanne lag und Milchbäder für ihre Schönheit nahm.

Der Kreuzfahrtschwan ist demnach mitnichten nur Entertainment-Pillepalle. Vielmehr kann er den gleichen Stammbaum aufweisen wie die Sphinx und die Pyramiden. Allerhand, oder? Bei all dem, was die alten Ägypter erfunden haben – warum nicht auch das Handtuchfalten?

Die andere von Alison Jenkins erwähnte Ursprungstheorie gefällt mir genauso gut, obwohl sie dem Handtuch-Origami etwas von seiner historischen Bedeutung raubt. Die Erfinder sollen demnach Kreuzfahrtpassagiere der Goldenen Zwanzigerjahre gewesen sein, die sich zwischen ihren Cocktails die Zeit vertrieben, indem sie Handtücher falteten.

Der Jenkins'schen Anleitung folgend, werkle ich an einem Schwan herum. Auf der Zutatenliste stehen: ein Badetuch, zwei Waschlappen, zwei Sicherheitsnadeln, eine Sonnenbrille.

Hoppla! An einen Waschlappen kann ich mich aus dem Kurs an Bord nun gar nicht erinnern. Und Sicherheitsnadeln? Ein Kabinensteward, der eine Sicherheitsnadel in das Handtuch seiner Gäste steckt, würde doch sicher auf der Stelle gefeuert werden.

Gibt es also nicht nur mehrere Ursprungsmythen, sondern auch unterschiedliche Bauanleitungen? Oder haben es die alten Ägypter einfach anders gemacht als die Erfinder des Charleston? Sicherheitsnadeln hatten sie doch wohl keine? Wie dem auch sei.

Der Handtuch-Faltkurs ist meine Einstiegsdroge in die horizonterweiternden Kreuzfahrtaktivitäten. Seitdem warte ich auf das Tagesprogramm wie ein Junkie auf seine Drogen. Mit gespitzten Ohren lausche ich, ob schon der Karren des Stewards um die Ecke rattert. Raschelt da jemand mit Papier vor meiner Tür? Immer wieder reiße ich sie ungeduldig auf, um zu prüfen, ob schon etwas im Briefkasten neben der Tür gelandet ist. Mich interessiert so brennend, was am nächsten Tag auf dem Programm steht, dass mich die Warterei schier kirre macht.

Als auf einem anderen Schiff ein Serviettenfaltkurs angeboten wird, bin ich selbstverständlich dabei. Um elf Uhr treffen wir uns im maritim dekorierten Admiral's Restaurant. Wir sind nur zu neunt. Drei Engländerinnen, ein Engländer und fünf deutsche Frauen sind mit von der Partie.

Die Gesellschaftshostess Clare rauscht mit einem Stapel Servietten im Arm herein. In ihrem hellen Sommerkleid wirkt sie, als wäre sie auf dem Weg zu einer Gartenparty irgendwo *in the countryside* in England.

Sie teilt jedem von uns eine weiße Serviette aus. Dazu ein beidseitig bedrucktes DIN-A4-Blatt. Darauf sind die Falttechniken beschrieben, die wir durchnehmen werden. Jeder bekommt das Blatt in seiner Sprache.

Dann positioniert sie sich so, dass wir sie alle gut sehen können. Direkt über ihr hängt ein pittoresk drapiertes Fischernetz von der dunkel getäfelten Decke.

»Diese sind eigentlich gar nicht so ideal«, sagt sie und hält eine Serviette hoch. »Besser wäre es, wenn sie gestärkt wären. Auch Leinenservietten gehen gut. Diese werden nicht so toll stehen. Aber wir probieren es mal.«

Als Erstes ist die Kerze dran.

»Einfach die Serviette zu einem Dreieck legen, dann die Spitze nach unten klappen.«

Sie macht es vor, und wir imitieren sie.

»Jetzt auf die andere Seite drehen und längsweise aufrollen.«

Auch das bekommen wir hin. Clare geht um unseren Tisch und kontrolliert, ob wir es alle richtig gemacht haben. Ich sitze so, dass ich durch das große Fenster des Restaurants die Nordsee betrachten kann.

»Die langen Enden ineinanderstecken und jetzt einfach auf den Tisch stellen.«

Hm, meine Kerze sackt traurig in sich zusammen. Basteln war noch nie so mein Ding.

Der einzige Mann in der Runde scheint dagegen ein absoluter Könner zu sein. »Bei uns zu Hause macht das immer mein Mann«, sagt seine Frau und blickt stolz auf die hübsche Kreation ihres Angetrauten.

Als Nächstes ist der Fächer an der Reihe. Der ist einfacher und sieht selbst bei mir gut aus.

Clares Handy klingelt. Sie meldet sich und sagt dann: »*I am at napkin folding.*« Ich unterdrücke ein Lachen und stelle mir in Gedanken vor, wie ich wohl einen Beruf fände, bei dem ich »Ich bin beim Serviettenfalten« sagen könnte. Mir erscheint das total schrill – außer man arbeitet in der Gastronomie. Doch wer weiß, vielleicht finden andere meinen Beruf auch zum Totlachen.

Noch acht weitere Faltmethoden ziehen wir in der halben Stunde durch. Die ebenfalls für das Mittagessen Servietten faltenden indonesischen Kellner gucken immer wieder neugierig zu uns herüber. Wahrscheinlich können sie es nicht fassen, womit sich Touristen in ihrem Urlaub so alles die Zeit vertreiben.

Zum Schluss sammelt Clare die Servietten wieder ein und eilt in ihrem Sommerkleid davon. Drei Tage später wird sie den Kurs »Schalknoten« geben. Den verpasse ich leider, weil es zur gleichen Zeit Fechten gibt. Das hat mich tatsächlich schon immer interessiert.

Der Unterricht findet in dem großen Art-déco-Ballsaal statt, in dem abends getanzt wird. Ich bin überpünktlich zur Stelle, weil im Tagesprogramm steht, dass nur zwölf Teilnehmer zugelassen werden.

Tatsächlich erscheint auch Kate, die Fechtlehrerin, zu früh. Alles an ihr signalisiert Sportlichkeit: die Shorts, der Hoody, die Turnschuhe, die streng zu einem Pferdeschwanz gebundenen Haare und die kräftige Figur. Über der Schulter schleppt sie eine überdimensionierte längliche Segeltuchtasche, in die gut einige Gewehre passen würden.

Bereits zehn Minuten vor dem offiziellen Beginn sind alle Plätze vergeben, und wer jetzt noch kommt, guckt in die Röhre.

Erst mal benötigt die Fechtlehrerin unsere Unterschrift. Kann ich tatsächlich versichern, dass ich von keinerlei Herz- oder Kreislaufproblemen geplagt bin? Wenn ich eine Erkältung habe und mich sehr anstrengen muss, wird mir schon mal ein bisschen schwindelig. Und ich hatte gerade eine Erkältung. Ob das wohl zählt?

Dass meine Krankenkasse alle potenziellen Verletzungen abdeckt, denke ich dagegen schon. Aber weiß man so was heutzutage? Mit weichen Knien unterschreibe ich. Wenn das mal gut geht!

»Wie viele Leute haben in dem Kurs denn schon tödliche Verletzungen erlitten?«, scherzt David aus Brisbane, der mit seiner Frau Sarah angetreten ist.

»Schauen Sie mal. Die Westen sind noch alle weiß. Das ganze Blut hätte die Wäscherei gar nicht rausbekommen«, scherzt Kate zurück.

Aus der gigantischen Tragetasche kramt sie die Westen hervor. Jeder von uns legt eine an, Kate schnürt uns ein und zurrt sie hinten zusammen. Wir sehen darin aus wie Neil Armstrong, als er den Mond betrat.

»Wir üben jetzt die En-Garde-Position«, kommandiert Kate. Sie bedeutet uns, uns alle auf dem Parkettboden der Tanzfläche aufzustellen. Wir bewegen uns vorwärts und erlernen die Handbewegung für den Angriff. Erst mal ohne Waffe. Dann sucht sich jeder einen Partner, und wir stellen uns alle gegenüber am äußeren Rande des Parketts auf. Meine Partnerin bei dieser Übung ist Davids Frau Sarah. Immer wieder stürmen wir aufeinander zu. Eine greift an, die andere verteidigt und versucht sich an einer Konterattacke.

Dann wird es ernst. Kate schleppt noch zwei gigantische Tragetaschen heran. Daraus zerrt sie Schutzmasken, Handschuhe und Floretts.

Ich habe wieder ein mulmiges Gefühl im Bauch, als ich die Schutzkleidung und die Waffen sehe. Dass wir jetzt mit echten Waffen aufeinander losgehen sollen, hätte ich nicht erwartet. O Gott! War das mit der Krankenversicherung etwa ernst gemeint? Doch dann sehe ich, dass die Waffen an der Spitze eine Art Gummihütchen haben. Es passiert schon nichts, mache ich mir Mut.

Säßen nicht so viele Zuschauer um uns herum, würde ich an dieser Stelle vielleicht aussteigen. So, vor allen Leuten, ist es mir zu peinlich, die Flinte einfach ins Korn zu werfen. Unauffällig davonschleichen ist in dieser Montur auch nicht drin. Also: Augen zu und durch.

Kate demonstriert, wie man den Helm aufsetzt. »Atmen Sie einfach ganz normal weiter«, sagt sie. »Es gibt immer wieder Leute, die die Luft anhalten. Das ist aber falsch.«

Auch das noch! Bei mir ist es nämlich so, dass meine Multitasking-Fähigkeiten stark eingeschränkt sind. Wenn ich mich um meinen Atem kümmern muss, bin ich nicht in der Lage, noch eine zweite Tätigkeit auszuüben. Nicht mal Yoga kann ich machen, weil Atmen und der Sport gleichzeitig ablaufen, das Atmen aber nicht auf Autopilot läuft, sondern in den Rang einer Tätigkeit erhoben wird.

Todesmutig setze ich den Helm trotzdem auf. Ich komme jetzt nicht mehr raus aus der Nummer. Und siehe da: Das Problem ist gar nicht das Atmen, sondern das Sehen. Da ist jetzt ein Gitter vor den Augen. Man sieht unter so einer Fechtmaske viel schlechter. Atmen kann man Gott sei Dank wie immer.

Sarah und ich piksen uns gegenseitig vorsichtig mit der Gummispitze in den Bauch. Man spürt es kaum.

Dann ist erst einmal eine Runde Posing angesagt. Klick klick klick macht es um uns herum. Wir alle wollen Fotos von uns in dem beeindruckenden Fecht-Outfit. Und zwar in Angriffshaltung mit ausgestrecktem Florett.

Dann gehen wir in voller Montur aufeinander los. Immer wieder üben wir: Angriff – Verteidigung – Gegenangriff.

Das war es. Der Kurs ist zu Ende. Statt der üblichen dreißig

Minuten hat er eine Dreiviertelstunde gedauert. Hochzufrieden und erschöpft reißen wir die Helme herunter und schälen uns aus unseren Westen. Alle sind sich einig: Das war ein toller Kurs. Wir haben etwas Echtes gelernt.

Doch nicht immer will man gleich selbst in den Ring steigen. Einfach nur zuschauen ist auch keine schlechte Idee.

Meine Mutter hat früher im Kirchenchor gesungen. Deshalb schauen wir uns bei einer gemeinsamen Reise im Mittelmeer, nördlich von Sizilien, den Karaoke-Wettbewerb an.

Das Publikum auf diesem Schiff ist jung – anders als auf dem Handtuch- oder dem Serviettenfaltboot.

Als wir uns auf ein Sofa in der New-York-Lounge plumpsen lassen, ist die Veranstaltung schon voll im Gange. Auf der Bühne steht Dave aus Australien, ein Asiate mit Halbglatze, und singt *Yesterday*. Auf den Telepromter kann er verzichten, er macht das ziemlich professionell und mit viel Inbrunst. Doch meine Mutter guckt skeptisch.

Doch die richtige Show beginnt sowieso erst, als die letzten Töne ausklingen.

»Bravo«, haucht die Frau hinter dem Mischpult in ein großes Mikro. »Das war toll, Dave.«

Alle Blicke sind jetzt nur noch auf sie gerichtet. Dave gerät schlagartig in Vergessenheit, als wäre ein Scheinwerfer ausgeknipst worden. Sie ist schlank, sieht gut aus und hat natürlich lange dunkle Locken. Ihr bodenlanges, grünes Kleid ist wie ein Badeanzug im Nacken geknotet und betont ihre tolle Figur.

Bei dem Kleid muss ich spontan an die Neckholder-Jumpsuits denken, die meine Ballettlehrerin immer trug. Diese einteiligen, rückenfreien Overalls hatten unten Schlag – es waren die Siebzigerjahre – und waren wild gemustert. Dazu trug sie hohe Korkpantoletten. Wenn sie uns einen Schritt demonstrierte, kickte sie die Pantoletten elegant von den Füßen und schwebte, ganz die ehemalige Primaballerina, vor uns daher.

Zwischendrin hantierte sie an einem riesigen Tonbandgerät herum oder besprühte sich wild gestikulierend mit einem fast ebenso großen Parfümflakon. Ihre divenhafte Show hat mir mächtig imponiert und sich mir fest ins Gedächtnis eingebrannt.

Die Karaoke-Gesangslehrerin ist ebenfalls ein echter Showprofi. Sie tut zwar nicht viel mehr, als ihre gewaltigen Locken zu schütteln, ein bisschen affektiert zu klatschen und rauchig ins Mikro zu hauchen, trotzdem fühlt man sich sofort in ein italienisches Fernsehstudio versetzt.

Inzwischen steht der megadicke Vito aus Catania auf der Bühne und schmettert »Ti amo« ins Mikro. Obwohl er keinen einzigen Ton trifft, applaudieren die zwanzig Zuschauer in der New-York-Lounge frenetisch. Meine Mutter verzieht entsetzt das Gesicht, aber natürlich klatschen auch wir brav in die Hände, und die Gesangslehrerin überschlägt sich fast vor Begeisterung.

»Bravo für Vito. Bravo«, haucht sie wieder rauchig ins Mikrofon.

Dann werden zwei verhuschte französische Mädchen auf die Bühne geschoben. Sie klammern sich aneinander und drehen dem Publikum den Rücken zu. Trotz Mikro sind ihre Stimmen kaum zu hören, und bei jedem Ton merkt man, wie viel Mut sie dieser Auftritt kostet. Auch hier wird lautstark applaudiert, als sie es endlich hinter sich gebracht haben.

Dave wird schließlich zum Sieger des Wettbewerbs gekrönt und gibt zum Abschluss einen weiteren Beatles-Song zum Besten. Wieder stürmischer Applaus. Dann ist die halbe Stunde rum.

Meine Mutter ist völlig fasziniert davon, dass sich hier lauter Dilettanten auf die Bühne wagen. Das tägliche Karaoke integriert sie ab jetzt fest in ihren Tagesablauf.

Ich selbst ziehe aus diesem Erlebnis die Erkenntnis, dass auch Singen und Auftreten etwas ist, das man lernen und können muss. Der Unterschied zwischen Profis und Laien ist eklatant. Für Sie vielleicht eine banale Erkenntnis, für mich dagegen eine interessante Einsicht.

Toll finde ich, dass alle Veranstaltungen keinerlei Können voraussetzen. Selbst blutige Anfänger blamieren sich nicht beim Mitmachen. Im Gegenteil: Sich auf die Bühne zu stellen ist immer einen tosenden Applaus wert. Und im Gegensatz zu Talentshows im Fernsehen muss man noch nicht einmal gut aussehen oder wenigstens jung sein. Das hier ist das wirkliche Leben.

Manchmal wird sogar mehr draus, und ehe man sichs versieht, steht man auf dem Siegertreppchen. So geht es mir bei der Shuffleboard-Championship.

Bei diesem traditionell an Deck gespielten Kreuzfahrtsport kicken Sie mit einem Cue genannten Schläger eine Scheibe, hier Disk, über die Planken. Je nachdem, wo sie dann auf dem gekennzeichneten Feld landet, holen Sie Punkte.

Gleich bei meinem ersten Tournament schaffe ich es mit meinem Teampartner Robert, sieben andere Teams aus dem Weg zu räumen. Dabei hatte ich vorher noch nie einen Cue in der Hand und kapiere von den Regeln gerade mal so viel, dass es darum geht, die Scheiben auf den Feldern mit den Nummern zu positionieren, nicht aber auf die Fläche mit der minus 10 zu kommen, sonst gibt es Punktabzug. Außerdem dürfen die Disks die Linien nicht berühren. Gleichzeitig müssen die Scheiben der gegnerischen Mannschaft von den guten Feldern weggekickt werden. Am besten auf die böse minus 10.

Mein Teampartner Robert ist ein alter Hase und zuerst nur mäßig begeistert, mich als Greenhorn im Team zu haben.

»Wer hat gewonnen?«, frage ich ihn nach der ersten Runde.

»Wir«, antwortet er. Und lächelt jetzt.

Auch nach unserem zweiten Spiel frage ich: »Wer hat gewonnen?«

»Wir.« Er hebt die Hand, um mit mir abzuklatschen.

»Einfach rechts von der Mitte durch die roten und die schwarze durch. Die schwarze Scheibe ist unsere, die auf keinen Fall wegkicken«, leitet er mich bei unserem dritten Spiel an. Ich mache einfach, was er sagt. Manche meiner Schüsse bleiben schlapp vor dem eigentlichen Feld mit den Punkten liegen, einmal platziere ich eine Scheibe auf die minus 10. Doch mehrere Schüsse landen mitten auf der 7. Dafür gibt es Punkte.

Für die Feinarbeit, wie die Scheiben unserer Feinde ins Aus zu katapultieren, ist Robert zuständig.

Und dann stehen wir plötzlich im Finale. Vor lauter Nervosität rutscht mir der Schieber aus, und ich haue voll daneben. Einer unserer Gegner mokiert sich über meine mangelnde Professionalität. »Mein Gott, das ist das Finale!«, sagt er hämisch. Sein Gesicht drückt aus, dass ich darin nichts verloren habe. Aber da hat er sich geirrt. Robert und ich entscheiden auch dieses Spiel für uns.

Den Rest des Tages sonne ich mich in meinem Erfolg. »Weißt du eigentlich, wen du hier vor dir hast?«, begrüße ich alle meine Bekannten und wiederhole ein ums andere Mal die Geschichte meines Triumphes. Kein noch so kleines Detail lasse ich aus.

Direkt nach dem Spiel bekomme ich von der Sporthostess ein kleines Kärtchen, auf das in einem Feld ein Stempel gedrückt wird. Am Ende der Kreuzfahrt kann ich dafür eine Prämie einlösen. Hätte ich auch noch beim Quiz, beim Bridge oder bei anderen Wettspielen gewonnen, hätte es vielleicht zu einem Fernglas gereicht. Nicht, dass ich das bräuchte.

Aber dieses Mal ergattere ich nur ein ledernes Kartenetui. Immerhin mit dem Logo der Kreuzfahrtgesellschaft. Hätte ich gewusst, dass man sogar ein Fernglas gewinnen kann, hätte ich sicher noch Bridge gelernt und bei jedem Quiz mitgemacht.

Neue Hobbys und Sportarten zu lernen macht echt Spaß, und man kommt so mit anderen ins Gespräch. Paola aus Mailand habe ich im Salsa-Kurs kennengelernt, Kerstin aus Osnabrück beim Line Dancing, und mit Inga aus Stockholm habe ich beim Quiz darüber gerätselt, was das größte Land Afrikas ist.

Vielleicht komme ich irgendwann mit einem echt schrägen Hobby aus dem Urlaub. Denn natürlich sind die erwähnten Künste und Sportarten längst nicht das Ende der Fahnenstange. Es gibt noch viel mehr zu entdecken, und ich bin bestimmt dabei.

Meine Aktiviäten-To-do-Liste für die nächsten Kreuzfahrten

- Schlittschuhlaufen auf der *Oasis of the Seas* oder ihren Schwesterschiffen von Royal Caribbean

- Unbedingt die Wahl zur Miss *Costa Pacifica* gewinnen

- In der größten Bibliothek auf See auf der *Queen Mary 2* schmökern

- Mit einem Stammesmitglied ein Totem schnitzen (aus dem Katalog von Holland America Line)

- In der Salzgrotte und dem Schneeraum im Spa von Norwegian wellnessen – was immer sich hinter diesen geheimnisvollen Orten versteckt

- Die Austernparty auf einem Phönix-Schiff besuchen

- Mich vom 30-Meter-Free-Fall-Tower auf den neuen *MSC*-Schiffen stürzen oder zumindest zugucken

- Einen Obst- und Gemüse-Schnitzkurs bei den philippinischen Köchen machen

- Die Zirkusschule auf einem Royal-Caribbean-Schiff besuchen

- Vom Planetarium der *Queen Mary 2* aus den Sternenhimmel beobachten

- Das erste maritime Museum auf See auf der *Mein Schiff 3* besuchen

- Am »Create-Your-Own-Magnum«-Workshop auf der *Aida Prima* teilnehmen

- Den Flashmob-Tanzkurs auf der *Oasis of the Seas* besuchen

- Von der Schwimmplattform der *Seabourn Odyssey* aus im Meer baden

- Die Eisbar auf der *Norwegian Breakaway* besuchen, wo die Temperatur minus acht Grad beträgt und die Besucher einen Daunenmantel erhalten

- Hieroglyphen-Unterricht von Crewmitglied Ahmed aus Ägypten auf der *Deutschland* erhalten

- Und falls es jemals wieder anstehen sollte: Heiraten auf einer *Mein Schiff*

Rettungsringe für Anfänger

- Sagen Sie nicht hinterher, Sie hätten es nicht gewusst. Alles wird im Tagesprogramm angekündigt. Das teilt Ihr Steward am Vorabend aus. Lesen Sie es gründlich! Sonst verpassen Sie womöglich den Cocktail-Shake-Kurs.

- Und wer lieber einen auf Couch-Potato machen will: Auch das ist möglich. Niemand muss mitmachen.

»Ist das hier Bus Nummer 52?«

Landgang: Wenn 2000 Leute einen Ausflug machen

Sie glauben auch, dass Kreuzfahrtpassagiere allesamt verwöhnte Weicheier sind? Da liegen Sie völlig falsch. Denn wenn Landgang angesagt ist, brauchen Sie echtes Durchhaltevermögen.

Im Hafen von St. Petersburg liegen fünf Kreuzfahrtschiffe. Außer uns sind auch die *Viking Star*, die *MSC Musica*, die *Prinsendam* und die *Regal Princess* zum Stelldichein gekommen. Auf der Newa, näher an der Stadt, tummeln sich zusätzlich noch einige kleinere Kreuzfahrtschiffe.

Das kann ja heiter werden! Allein auf die *Regal Princess* gehen 3500 Passagiere, auf die *Musica* 3000. Wir bringen es auf 2000. Bei der *Viking Star* fahren etwa 900 Leute mit und bei der *Prinsendam* 800. Insgesamt sind wir hier etwa 10000, die kleinen Schiffe auf der Newa mal nicht mitgerechnet. Das sollte reichen, um ordentlich was loszumachen in der Stadt von Peter dem Großen.

Die Prinzessin und ich haben hier einen Zwei-Tages-Ausflug für sage und schreibe 330 Dollar pro Person gebucht. Pro Tag also für 165 Dollar. Das entspricht zu diesem Zeitpunkt etwa 145 Euro.

Bisher habe ich noch nie einen Ausflug gemacht, der mehr als hundert Euro kostet. »Da wird uns sicher ordentlich was geboten«, sage ich vor der Reise zu meiner Mutter.

»Freu dich nicht zu früh. St. Petersburg ist immer teuer«, lautet ihre Antwort. Sie war schon zweimal da und muss es ja wissen.

Ohne die gebuchte Tour hätten wir allerdings allein 85 Dollar für ein Visum berappen müssen. Von unserer Freundin Julia haben wir außerdem gehört, dass sie für ein russisches Visum eine Gehaltsbescheinigung, ein Rückflugticket und eine Hotelbuchung einreichen musste.

Eine andere Freundin hat die Angelegenheit lieber gleich über eine Agentur abwickeln lassen. Das hat sie aber satte 185 Dollar gekostet. Russland muss man sich also erst mal leisten können.

Genau aus diesen Gründen haben die Prinzessin und ich einfach den 330-Dollar-Ausflug mit allem Pipapo gebucht.

Vor unserem Landgang auf russischen Boden erhalten wir am Vorabend ein Hinweisblatt auf unsere Kabine. Es warnt uns vor Taschendieben und empfiehlt, keinerlei Schmuck anzulegen. Auch vor Taxifahrten soll man sich hüten.

Beim Besuch einer Favela in Rio würden mir diese Vorsichtsmaßnahmen einleuchten, aber in St. Petersburg? Ich bin doch kein Provinzei, das auf irgendwelche Tricks reinfällt. Wir in Frankfurt haben auch Taschendiebe und alles, was sonst noch so zu einer Großstadt gehört. Im Gegensatz zu anderen Metropolen haben wir nur unsere Nachbarorte nicht schnell genug eingemeindet und sind deshalb auf ewig mit einer lachhaften Einwohnerzahl von 700 000 gestraft. Das führt natürlich zu Komplexen gegenüber anderen Großstädten.

Trotzig trage ich also meine Ohrringe und schultere meinen Rucksack.

Unsere Gruppe trifft sich um Viertel vor acht im Ballsaal. Dort holen die Prinzessin und ich uns einen Aufkleber mit der Busnummer 25. Um halb neun haben wir die Einreiseformalitäten erledigt und sitzen mit zwölf anderen in einem Minibus. Eine wendige, kleine Truppe, die über die zwei Tage zu einem Team zusammengeschweißt wird.

Reiseleiterin Elena verteilt als Erstes Kopfhörer und Receiver.

»Können Sie mich alle hören?«, fragt sie in ihr Mikrofon.

Wir testen es.

»Wenn es rauscht oder Sie mich nicht mehr hören, dann sind Sie von der Gruppe zu weit weg«, warnt sie uns beiläufig.

Ich höre nur mit halbem Ohr hin. Schließlich bin ich nicht das erste Mal mit einer Reisegruppe unterwegs. Was sollte mir schon passieren?

Busfahrer Alexej setzt uns direkt vor der Eremitage ab, wo wir uns in eine Schlange einreihen.

»Das ist der Eingang für Gruppen«, sagt Elena in ihr Mikro. »Es sollte hier nicht so lange dauern. Die anderen warten viel länger.«

Die Eremitage kann sich vom Umfang her durchaus mit dem Louvre messen. Aber keine echte Top-Sehenswürdigkeit ist groß genug, um dem Touristenandrang zu trotzen. Das ist hier nicht anders.

Elena hält das Schild mit der 25 hoch. Wir trotten hinterher. Mir tun die Knöpfe im Ohr weh. Sind meine Ohrmuscheln zu klein, oder mache ich etwas falsch? Drücke ich den Knopf richtig rein, schmerzt es nach kurzer Zeit. Lasse ich ihn nur locker im Ohr hängen, fällt er gleich wieder raus, und ich verpasse, was Elena sagt.

Aber ich habe wohl als Einzige dieses Problem. Vielleicht, weil ich in der U-Bahn keine Musik höre und mir das Handy zum Telefonieren immer noch ans Ohr halte?

Da mich die Warnungen auf dem Hinweisblatt in Alarmstimmung versetzt haben, trage ich meinen Rucksack aus Angst vor Dieben vor dem Bauch, und da baumelt jetzt auch noch der Receiver. Ich bin also entweder mit den rutschenden Rucksackträgern beschäftigt oder dem Receiver oder den ständig runterfallenden Ohrstöpseln. Wie soll ich mich jetzt auch noch auf das Museum konzentrieren?

Die Eremitage zählt zu den größten und bedeutendsten Kunstmuseen der Welt. Drei bis vier Millionen Besucher machen der weitläufigen Anlage pro Jahr ihre Aufwartung. Verglichen mit den zehn Millionen, die jährlich den Louvre stürmen, scheint das ein Klacks. In St. Petersburg ist die Saison jedoch kürzer. So, wie sich uns das Wetter im Juni präsentiert, kann ich kaum glauben, dass überhaupt jemand den Winter für einen Besuch wählt.

Die Prinzessin und ich sind aber weniger wegen der berühmten Kunstwerke hier. Wir wandeln stattdessen auf den Spuren von Katharina der Großen durch den Winterpalast. Ich liebe Schlösser und will die einzigartige Pracht des Schlosses genießen, Knopf im Ohr oder nicht.

Elena bremst unsere Gruppe vor einem Rubens-Gemälde und beginnt einen kunsthistorischen Vortrag.

»Ausgerechnet Rubens«, raune ich der Prinzessin zu. »Da kommen wir in die Eremitage, wo es doch die tollsten Gemälde gibt, und sie zeigt uns Rubens. Ich kann den nicht ausstehen.«

Die Antwort der Prinzessin geht in einem Rauschen in meinem rechten Ohr unter. Den linken Ohrstöpsel habe ich herausgezogen, um wenigstens ein Ohr zu schonen.

Warum rauscht das jetzt? Hektisch drehe ich mich um. Wo sind denn auf einmal die zwei Frauen mit den roten Regenjacken aus unserer Gruppe? Wo ist Elena? Um uns herum tummeln sich andere Gruppen. Eine Reiseleiterin hält eine 25 hoch, doch es ist das Schiff von MSC. Wo sind die anderen nur so schnell hin? Wir waren doch nur wenige Sekunden unaufmerksam.

Wir rennen los.

»Nach rechts oder geradeaus?«, frage ich die Prinzessin.

Die stürmt geradeaus. Ich hinterher.

Zwischen dem Rauschen ertönt wieder Elenas Stimme. Wir drängeln uns weiter zwischen den Gruppen durch. Wenn wir ihre Stimme hören, müsste sie doch ganz in der Nähe sein? Wir sehen sie aber nicht. Plötzlich hören wir nur noch Rauschen.

»Die müssen doch rechts abgebogen sein. Lass uns zurückgehen«, ruft mir die Prinzessin zu.

Langsam werden wir nervös. Wir haben nur das Gruppenvisum von unserer Kreuzfahrtgesellschaft. Alleine dürfen wir nicht in der Stadt herumlaufen. Zwar haben wir beide unsere Pässe dabei, doch die Prinzessin hat ihre Handtasche im Bus gelassen.

Ob die Russen uns wohl für die nächsten dreißig Jahre zur Zwangsarbeit in einer sibirischen Silbermine verdonnern würden, wenn sie uns ohne Gruppe erwischen? Eher nicht. Am einfachsten wäre es, wenn wir mit einem Taxi zurück zum Kreuzfahrtterminal fahren würden. Rubel haben wir schließlich. Aber wir wollen natürlich nicht aufgeben, bevor der Spaß überhaupt erst begonnen hat.

»Wenn wir die nicht wiederfinden, sind außerdem die 165 Dollar futsch, die wir für heute geblecht haben«, sagt die Prinzessin.

Aber noch ist ja nicht alles verloren.

»Wir treffen uns um Viertel nach elf«, hat Elena doch zu Beginn der Besichtigung gesagt und dabei vage in eine Richtung gezeigt, in der es zuging wie in einem Ameisenhaufen. Aber dummerweise habe ich nur mit halbem Ohr zugehört. Schließlich war ich mit der Wartung meiner Ohrstöpsel vollauf beschäftigt. Außerdem habe ich noch nie irgendwo meine Gruppe verloren.

Und dass mich so ein Schicksal einmal ereilen könnte, damit habe ich auch nicht gerechnet. Sie hätten mein Geläster mal hören sollen, als genau das einer Frau aus meiner Reisegruppe im Souk al-Hamidya in Damaskus passierte. Was ist das denn für eine Hinterwäldlerin, habe ich damals voller Selbstgerechtigkeit gedacht. Tja, so schnell kann es einen selbst treffen.

Wir quetschen uns durch eine Gruppe Spanier und hecheln weiter, immer das Schild »Ausgang« fest im Blick, um uns dort in Position zu stellen, wo wir den Treffpunkt vermuten. Irgendwann tönt Elenas Stimme im Rauschen kurz auf, sehen können wir sie jedoch immer noch nicht. Und dann hören wir wieder nur ein *Krrrrrrchchchchch*.

Eine bleiche Silberhaarige hält ein Schild mit dem Namen unseres Schiffes und der Nummer 18 hoch. Wir teilen die Massen um sie herum und schildern ihr aufgeregt unser Schicksal. »Warten Sie einfach«, sagt sie, als wäre an unserer Situation nichts Außergewöhnliches, und verschwindet mit ihrer Gruppe im Schlepptau in Richtung Ausgang.

Der verabredete Zeitpunkt rückt näher, aber wir hören weiterhin nur Rauschen. Gruppe 26 geht an uns vorbei durch das Drehkreuz. Wieder werfen wir uns der Reiseleiterin in den Weg.

»Wir sind aus Gruppe 25 und verloren gegangen«, teilen wir ihr mit.

Sie zückt ihr Handy und ruft in der Agentur an, damit man von dort aus Elena Bescheid gibt. Zum Abschied nickt sie uns ermunternd zu. So wie wir müssen sich kleine Kinder fühlen, die im Kaufhof ihre Eltern verloren haben und am Infoschalter abgeholt werden können.

Es ist schon zwanzig nach elf. Wir haben jegliche Hoffnung verloren. Die Prinzessin und ich blicken jetzt doch panisch um uns. Hat sie vielleicht gar nicht diesen Ausgang gemeint, sondern wollte, dass wir ganz rausgehen, statt in der Vorhalle zu warten? Ich laufe dem Schild »Exit« hinterher. Die Prinzessin rührt sich währenddessen nicht von unserer vorherigen Position. Unverrichteter Dinge kehre ich bald darauf zurück.

»Gehen Sie die Treppe runter«, ertönt plötzlich wieder Elenas Stimme in meinem Ohr. Dann klingelt ein Handy, und wir hören sie Russisch sprechen.

»Das muss die Agentur sein, die sie darüber informiert, wo ihre verlorenen gegangenen Schäfchen sind«, jubelt die Prinzessin.

Elena zählt auf Deutsch durch, und wir hören sie sagen: »Da fehlen zwei.«

»Ja, wir. Wir sind hier«, rufen wir unwillkürlich. Doch sie kann uns ja nicht hören.

Und plötzlich steht sie hinter uns. Puh! Das war knapp. Wir fallen ihr fast um den Hals. Ab jetzt werden wir uns voll und ganz darauf konzentrieren, ihr wie treue Hunde zu folgen. Privatgespräche sind ab sofort tabu, und der Stöpsel bleibt immer schön im Ohr! Versprochen!

Als wir den Winterpalast verlassen, regnet es in Strömen. »Das ist hier normal«, sagt Elena völlig ungerührt und schlägt den Kragen ihres Blousons hoch.

Hunderte von weißen Bussen drängen sich auf der Uferstraße. Irgendeiner dieser weißen Busse ist unserer. Nachdem wir Alexej endlich gefunden haben, kutschiert er uns einmal quer durch die Stadt zum Mittagessen.

Das Restaurant ist riesig. Trotzdem stehen Tische wie Stühle dicht an dicht. Beim Essen hockt man seinem Tischnachbarn fast auf dem Schoß, und die Arme klemmt man am besten am Oberkörper fest. Denn sonst haut es dem Nebenmann bei der kleinsten Bewegung die Gabel aus der Hand.

Gruppe 18 und Gruppe 26 putzen schon ihren Salat weg. Wir gruppieren uns um den Tisch mit dem Schild 25. Unser Salat steht schon in kleinen Schüsselchen da. Dann gibt es Gulasch mit Reis und einen trockenen Kuchen zum Nachtisch. Zum Essen wird Sekt gereicht, eine Flasche Wasser für jeden und ein Kaffee.

Nach dem Essen steht die Peter-und-Paul-Festung mit der Haseninsel auf dem Programm, wo einst Peter der Große die Stadt gründete.

Inzwischen schüttet es wie aus Eimern, und wir sind im Nu klatschnass. Die Kapuzen haben wir tief in die Stirn gezogen und die Köpfe nach unten gebeugt. Bloß kein Wasser ins Gesicht kriegen.

Also lassen wir die Festung links liegen und steuern mit Elena zielstrebig die Kathedrale an. Nur schnell ins Trockene!

Wir verweilen kurz an den Zarengräbern, wo Elena ausufernd von der Geschichte der Stadt erzählt. »Viele Europäer sind hier an Tuberkulose gestorben. Sie haben das Klima in St. Petersburg nicht ausgehalten«, flicht sie eine Bemerkung über das Wetter ein.

Dann ist es Zeit für ein A-cappella-Konzert in einem der Nebenräume. Die bärtigen Sänger tragen Kutten und sehen aus wie Mönche. Und natürlich kann man im Anschluss an das zweite Lied eine CD mit den Liedern erwerben. Während die Frauen in den roten Jacken zuschlagen, strömt schon die nächste Gruppe mit Amerikanern herein.

Zu unserem 330-Dollar-Trip gehört auch eine Bootstour auf der Newa. Zum Glück hat das Boot ein Verdeck. Leider aber auch getönte Scheiben, als befänden wir uns in einer Klimazone, in der die Sonne eine ständige Bedrohung darstellt.

»Sieht aus wie ein Partyboot«, meint die Prinzessin.

Auch ich habe so ein Gefährt noch nie gesehen. Mit den Ausflugsbooten in Amsterdam oder Paris hat es nichts gemeinsam. Die haben überall Glas. Hier gibt es oben ein richtiges Dach und getönte dunkle Scheiben, in die noch mal kleine Fenster zum Öffnen eingesetzt sind. Bei Hitze mag das praktisch sein. Die kleinen Fenster aber haben auch einen breiten schwarzen Plastikrahmen, der sich exakt auf Augenhöhe befindet und das letzte bisschen Sicht blockiert.

Der hintere Teil unseres merkwürdigen Gefährts hat kein Verdeck. Wir haben also die Qual der Wahl: null Sicht und im Trockenen sitzen oder St. Petersburg im Regen genießen. Erst sind wir alle tapfer und stellen uns nach hinten. Doch schon nach wenigen Minuten knicken wir alle angesichts der vom Himmel strömenden Fluten ein.

Auf unseren Plätzen stehen wieder 0,5-Liter-Mineralwasserflaschen, so als wären wir statt auf der Newa auf dem Amazonas unterwegs.

Das war wirklich für die Katz. Alexej holt uns vom Boot ab und bringt uns zu einer U-Bahn-Station.

Inzwischen ist es fünf Uhr nachmittags, und die Rushhour strebt ihrem Höhepunkt entgegen. Wenigstens ist es hier nicht so rappelvoll wie in der Londoner U-Bahn. Da habe ich mal in der Station Covent Garden in einem der langen Fußgängertunnel im Stau gestanden. In einem Fußgängerstau, der aber zum Glück nicht in einer Massenpanik endete. Trotzdem ist auch hier in St. Petersburg allerhand los.

Elena teilt Tickets aus, die uns durch die Sperre bringen. Vor dem aushängenden Linienplan erläutert sie, wohin es geht. »Wir nehmen die rote Linie, steigen dann an der nächsten Station alle zusammen in die Grüne um und fahren bis zur Endstation. Dort holt uns Alexej ab.«

Ich nehme in Frankfurt jeden Tag die U-Bahn, doch dass ich in der Eremitage meine Gruppe verloren habe, nagt an mir.

»Wir dürfen uns nicht wieder abhängen lassen«, raune ich der Prinzessin zu. Dann ramme ich beide Ohrstöpsel in meine Ohren und klemme mich direkt hinter Elena. Jetzt heißt es Daumen drücken.

Erst mal bringt uns eine Rolltreppe nach unten. Die Fahrt dauert so lange, dass einen das Gefühl beschleicht, man müsse gleich auf der anderen Seite der Erdkugel herauskommen.

Irgendwo im Pazifik zwischen Kap Hoorn und der Antarktis.

Doch dann sind wir endlich unten. Mit Ach und Krach schaffen wir es, uns in eine brechend volle U-Bahn zu werfen. Seitdem wir in der Eremitage verloren gegangen sind, schauen wir uns ständig um und kontrollieren immer wieder, ob es auch alle geschafft haben. Fehlt da noch einer? Elena blockiert die Tür, die schon wieder zurattern will. Dann sind alle drin.

Zugegeben, die Anforderungen bei einer Mount-Everest-Besteigung sind höher. Während Sie den engen Hillary Step hinaufkraxeln, kleben rechts und links von Ihnen die festgefrorenen Leichen anderer Abenteurer im Schnee.

Statt sich um Ihre Ohrstöpsel zu sorgen, müssen Sie zusehen, dass Ihnen der Sauerstoff nicht ausgeht. Und Sie müssen aufpassen, dass Sie rechtzeitig vom Berg wieder herunterkommen. Der Druck ist da erheblich höher.

Mit den Ohrstöpseln, dem Rucksack, dem Zusammenbleiben in der Gruppe und dem Gedränge in der St. Petersburger U-Bahn einen kühlen Kopf zu bewahren, ist aber auch kein Klacks.

Zum Glück klappt das Umsteigen in die andere Linie. Und als wir auf der längsten U-Bahn-Rolltreppe der Welt – alle sagen, die in Moskau seien noch länger, aber das kann ich mir kaum vorstellen – wieder an der Oberfläche auftauchen, sind alle noch da. Wir kehren zum Schiff zurück und hauen uns früh in die Federn, denn am nächsten Tag geht es noch zeitiger los.

Um halb sechs ist die Nacht zu Ende. Noch immer sind sämtliche Himmelsschleusen geöffnet. Fünfzehn Grad sind für heute vorhergesagt. Eben ganz normales Sommerwetter an der Ostsee.

Drei aus unserem Trupp sind schon desertiert. Diese Weicheier! Wir fahren ohne sie los. Durch Hochhaus-Vororte und Birkenwälder erreichen wir Puschkin, wo im Katharinenpalast das Bernsteinzimmer auf uns wartet.

Alexej hält an. »Wir machen jetzt einen Spaziergang durch den Park«, sagt Elena. Bisher hat sie stoisch dem Regen getrotzt, aber jetzt sieht auch sie skeptisch aus. Denn just in diesem Moment prasselt es besonders heftig gegen die Scheiben.

»Müssen wir denn nachher die Bootstour auch machen, wenn es so regnet?«, fragt eine Frau aus Hannover. Sie lässt es klingen, als wären wir Zwangsrekrutierte bei der Fremdenlegion.

»Wer möchte denn die Bootstour machen?«, fragt Elena in die Runde.

»Also, bei dem Wetter lohnt sich das wirklich nicht«, setzt die Frau aus Hannover nach.

Die meisten scheinen gar nicht zu wissen, dass schon wieder eine Bootstour geplant ist, und verhalten sich unschlüssig. Die Hannoveranerin bleibt hartnäckig.

»Das hat sich schon gestern nicht gelohnt mit den Booten. Ich finde, wir sollten lieber schnell nach St. Petersburg zurückfahren. Dann haben wir dort mehr Zeit.«

»Die Bootstour ist ja erst heute Nachmittag. Schauen wir doch erst mal, wie sich das Wetter entwickelt«, protestiere ich.

So schnell wollen die Prinzessin und ich nicht aufgeben. Auch wir haben Zweifel am Sinn der Bootstour. Aber noch wollen wir uns die nicht entgehen lassen. Schließlich ist es der Weg übers Meer, auf dem die Zaren vom Winterpalast zu ihrer Sommerresidenz Peterhof gesegelt sind. Unserem Vorschlag, die Entscheidung aufzuschieben, stimmen schließlich alle zu, auch die Frau aus Hannover.

Die Dynamik in einer kleinen Gruppe ist fast wie in einer WG. Bei einem Bus mit fünfzig Leuten meckert vielleicht mal jemand herum. Doch der Versuch einer einzelnen Person, ganze Programmpunkte zu kippen, ist mir neu.

Elena blickt nervös auf ihre Uhr.

»Jetzt ist eigentlich ein Spaziergang durch den Park geplant. Unser Slot für den Eintritt ist erst um neun Uhr fünfzig.«

»Können wir uns denn irgendwo unterstellen?«, fragt eine Frau aus Dresden. Elena schüttelt den Kopf.

»Vielleicht gibt es ein Café?«, fragt die Prinzessin.

Das gibt es tatsächlich.

Kaum sind wir aus dem Bus gestiegen, peitscht uns der Wind den Regen ins Gesicht. Wir waten durch teichgroße Pfützen, und die Äste der Bäume ächzen, als würden sie gleich auf uns herunterkrachen.

Elena schlendert vor uns her, als wollte sie uns Zeit geben, den Park zu genießen. Dabei trägt auch sie nur eine Regenjacke und hat keinen Schirm. Irgendwie scheint sie regenresistent zu sein.

Dummerweise sind wir gezwungen, uns ihrem Tempo anzupassen, weil wir den Weg nicht kennen. Lieber würde ich natürlich im Dauerlauf schnurstracks in das trockene Café rennen. Die Frauen in den roten Regenjacken preschen immer mal wieder vor, um Druck zu machen, doch Elena lässt sich nicht aus dem Konzept bringen. In aller Ruhe referiert sie über die Entstehung des Palastes und die Zarenfamilie.

Davon bekomme ich fast nichts mit, denn ich kämpfe wieder mit den Ohrstöpseln und dem Receiver. Die Kapuze und der geschlossene Reißverschluss meines Regenmantels treiben mich fast in den Wahnsinn. Jetzt fallen auch noch die Stöpsel in die Kapuze, und ich kann sie nur herausfischen, wenn ich die schützende Kopfbedeckung kurz zur Seite schiebe.

Wenn die Stöpsel einen Augenblick Ruhe geben und ich mal unter der Kapuze durch meine von Regentropfen beschlagene Brille luge, sieht es um mich herum ganz toll aus. Türkis, weiß und golden präsentiert sich der majestätische Palast. Ein erhabener Anblick, selbst bei diesem Wetter.

»Also, ich weiß nicht, ob die Bootstour nachher Sinn macht«, legt die Frau aus Hannover wieder los, als wir endlich im Trockenen unseren Kaffee schlürfen. »Können wir nicht nach der Besichtigung gleich in die Stadt zurückfahren?«

»Die Bootstour soll ja nicht von hier, sondern von Schloss Peterhof abgehen«, erwidert Elena. »Und dort sind mittags ein Picknick im Park und ein zweistündiger Spaziergang geplant.«

Ein Mann in einer Barbour-Jacke verschluckt sich an seinem Kaffee. Die Aussicht mutet angesichts des Wetters ja auch absurd an. Und die Gesichter der anderen in der Gruppe verraten, dass fast allen der Vorschlag der Hannoveranerin einleuchtet. Bevor sich diese Mehrheit aber outet, werfe ich mich dazwischen: »Also, Schloss Peterhof will ich auf jeden Fall sehen.«

Im Park picknicken oder dort zwei Stunden spazieren gehen ist natürlich eine Schnapsidee. Aber ich zahle doch nicht

330 Dollar und lasse mir dann das halbe Programm streichen. Da ich aber kein Streithammel bin, hoffe ich auf eine friedliche Einigung. Elena hat vermutlich sowieso keine Wahl. Sie ist verpflichtet, uns das zu zeigen, wofür wir bezahlt haben. Dass die anderen sauer auf mich sind, weil sie wegen mir weiter durch den Regen stapfen müssen, damit muss ich wohl leben.

»Vielleicht hört der Regen ja auf«, füge ich besänftigend hinzu. Die Entscheidung wird noch mal vertagt.

Es ist Viertel vor zehn, und unser Slot naht. Wir verlassen das Café und stellen uns im strömenden Regen zu einem Pulk aus Chinesen und Koreanern, die wie wir auf Einlass warten. Eine klitschnasse Band versüßt uns die Warterei mit »Kalinka«. Der Sänger hält einen Schirm über sich, während er den Gassenhauer mit Inbrunst in den Regen schmettert. Nach einer Viertelstunde öffnet sich ein winziges Tor in dem großen Eisengatter.

Als wir es bis kurz vor das Törchen geschafft haben, reißt Elena die Hand hoch und bellt im Kommandoton in ihr Mikro: »Gruppe 25 geht jetzt durch!«

Ich bin direkt hinter ihr und werfe meinen Oberkörper nach vorne, damit sich niemand zwischen uns schieben kann. Einen Chinesen, der es trotzdem versucht, halte ich mit dem Ellenbogen auf Abstand.

Als sich eine Engländerin mit »*Sorry. Excuse me*« an mir vorbeidrückt, lasse ich sie widerstandslos vor. Bei diesem Volk habe ich Beißhemmungen. Ich fühle mich sonst gleich wie ein ungezogener deutscher Panzer, der rücksichtslos über eine höfliche Lady von der Insel walzt, die selbstverständlich ordentlich Schlange gestanden hat. Also bin ich gezwungen, die

Engländerin vorzulassen, behalte aber Elena fest im Blick. Direkt hinter mir ist die Prinzessin.

Auf der anderen Seite warten wir darauf, dass unsere gesamte Truppe eintrudelt. Alle schaffen es.

»Das nächste Mal machen wir es wie die Chinesen. Die legen einfach dem Vordermann die Hand auf die Schulter und pflügen in einer großen Polonaise durch die Menge«, schlägt die Prinzessin vor.

Wir gehen einige Schritte über den beeindruckenden Schlosshof und stehen in der nächsten Schlange. Einige Hundert Menschen warten auf Einlass. Auch hier gibt es keine Möglichkeit, sich unterzustellen.

Ein älterer Engländer hält einen flatternden Regenschirm über die Frau, die ich gerade vorgelassen habe. Unauffällig schiebe ich mich mit unter den Schirm. Dann vermasselt mir eine gewaltige Bö die Tour. Der Schirm stülpt sich um, und der Mann versucht vergeblich, ihn so in den Wind zu halten, dass er sich wieder zurückbiegt.

Über eine halbe Stunde stehen wir erneut im Regen. Selbst Elena verliert jetzt zusehends die Fassung. »Das ist so nicht vorgesehen«, sagt sie. »Hier sollte es eigentlich schneller gehen. Vermutlich sind die Garderoben überlastet, weil alle bei dem Wetter ihre nassen Jacken abgeben wollen.«

Als wir endlich drinnen sind, bestätigt sich ihre Vermutung. Die spärlichen Haken können erst neu vergeben werden, nachdem andere ihre Jacken abgeholt haben.

Höhepunkt im Katharinenpalast ist das Bernsteinzimmer. Das wollen natürlich alle sehen. Unsere Gruppe hat zum Glück eine Hälfte des Bernsteinzimmers für etwa fünf Minuten ganz für sich. In aller Ruhe dürfen wir uns den mit Bernsteinen verzierten Wänden nähern und die Pracht bestaunen. Es ist tatsächlich einzigartig und versöhnt uns mit der ganzen Warterei.

Als wir fertig sind, stürmt die Prinzessin in den Museumsshop. Elena ist ungehalten. »Wir gehen nachher noch alle zusammen in ein Geschäft. Da können Sie alles kaufen.«

Offensichtlich ist es ihr nicht recht, wenn jemand aus der Gruppe ausschert, sei es auch nur für wenige Minuten.

Aber die Prinzessin steht schon mit einem Packen Postkarten an der Kasse, natürlich in einer langen Schlange. Ich versuche, gleichzeitig Elena und die Prinzessin im Auge zu behalten, damit wir nicht wieder verloren gehen.

Andere wollen zur Toilette, kehren aber bald resigniert zurück, weil die Schlangen auch dort hoffnungslos lang sind. Wie ein Hütehund bemüht sich Elena, ihre Schäfchen in dem Gewimmel zusammenzuhalten.

Dann klingelt ihr Handy. »Das war die Agentur«, berichtet sie. »Die Bootstour ist abgesagt. Es herrscht Sturmwarnung, und heute fahren die Schiffe nicht.«

Die Hannoveranerin schlägt vor, dass wir zurück in die Stadt fahren. Ich wiederhole, dass ich Peterhof sehen will. Wir einigen uns darauf, dass wir nach Peterhof fahren, dort kurz den Schlosspark anschauen und dann mit dem Bus zurück in die Stadt kutschieren.

Wieder im Bus, votieren wir geschlossen dafür, unsere Lunchpakete während der Fahrt zu essen. Elena bespricht sich mit Alexej und sagt dann lapidar: »Wir essen später, wenn wir da sind.« Nach einer halben Stunde Fahrt steigen wir wieder aus. Der Regen hat endlich nachgelassen, doch es ist sehr windig. Alexej öffnet den Kofferraum und drückt jedem von uns eine Plastiktüte in die Hand. Erwartungsvoll schauen wir auf Elena, damit sie uns verrät, welches trockene Plätzchen sich für das Picknick eignet.

»Ja, das ist Ihr Essen«, sagt sie nur. »Und wir gehen jetzt in den Park, da wollten Sie doch hin, oder?«

»Und wo essen wir?«, fragt die Prinzessin und deutet auf die triefnassen Wiesen.

»Das können Sie ja vielleicht unterwegs essen«, schlägt Elena vor. Sie wirkt genervt.

Ich stelle mir vor, wie alle Reiseleiter bei einem Meeting in Elenas Agentur sagen: »Bitte, bloß keine Picknicks im Park!« Und die Chefs antworten: »Aber die Kunden wollen das. Wir verkaufen Picknicks im Park immer gut. Die kommen alle nur einmal und merken nicht, dass es dann immer regnet. Ihr Reiseleiter müsst eben so tun, als wäre das eine Ausnahme.«

Die Prinzessin zieht eine Salatschüssel aus ihrer im Wind wehenden Tüte und blickt ratlos darauf. Der nächste Windstoß fegt ihr die dazugehörige Serviette aus der Hand.

»Wie soll ich das im Gehen essen?«

Wir anderen haben zum Glück Sandwiches bekommen. Ich reiße umgehend die Packung auf und stopfe mein Sandwich in mich hinein, während wir hinter Elena in Richtung Park trotten. Dem Mann in der Barbour-Jacke und der Frau aus Dresden hat es vor Empörung die Sprache verschlagen. Während Elena unsere Tickets auftreibt, setzt sich die Prinzessin auf eine überdachte Caféterrasse und schlingt ihren Salat hinunter.

Ich stopfe die Halbliter-Wasserflasche aus dem Lunchpaket

in meinen Rucksack, verschenke den Apfel, esse noch den Keks und pfeffere meine leere Tüte in einen Papierkorb. Ich bin ja durch die Ohrstöpsel und den Receiver, den Rucksack und den Regenmantel schon behindert genug. Dabei noch im Gehen aus einer Verpackung ein Sandwich herauszuschälen und in der anderen Hand die Plastiktüte zu tragen – das will ich so schnell wie möglich hinter mich bringen.

Die Wasserspiele im Park sind zauberhaft, selbst bei diesem Wetter. Wir drehen eine Runde durch den weitläufigen Park und sehen auch die Anlegestelle, von der aus wir die Boote genommen hätten.

»Ein Glück, dass wir uns nicht haben unterkriegen lassen«, sagt die Prinzessin. »Das ist zwar nach der Eremitage und dem Katharinenpalast nur das drittschönste Schloss in St. Petersburg, aber immer noch eine Wucht.«

Dann geht es zurück in die Stadt. Dort drängen wir uns noch einmal mit Vollgas durch die von Touristen überquellende Blutkirche. Sie steht an der Stelle, an der Zar Alexander II. ermordet wurde, nachdem er in Russland die Leibeigenschaft abgeschafft hatte.

Um das Gotteshaus herrscht ein sagenhaftes Verkehrschaos. Die Prinzessin stürzt sich mitten ins dickste Getümmel, um bei einem Straßenhändler eine Matroschka-Puppe zu kaufen. Bisher hatte sie durch die fortwährende Hektik noch keine Gelegenheit, ein Souvenir zu erstehen.

Doch Elena zerrt sie weg. »Wir gehen gleich alle zusammen in ein Souvenirgeschäft«, sagt sie und versucht gleichzeitig, unter Hunderten von weißen Bussen unseren auszumachen.

Im Souvenirgeschäft sind die Puppen doppelt so teuer. Die

Prinzessin ist zu sauer, um jetzt noch eine zu kaufen. Zwei Gruppen von der *Viking Star* drängen sich mit uns durch das Geschäft. Wir alle bekommen ein Gläschen Wodka, natürlich den, den man auch im Geschäft erstehen kann.

Elena kippt ihren hinunter und wirkt plötzlich ganz entspannt. Wir sind fast am Ziel. Nur das Verkehrschaos auf dem Weg zum Hafen müssen wir noch bewältigen.

Als wir dort aussteigen, drücken wir Elena unsere restlichen Rubel in die Hand. Wir mögen sie. Sie hat viel von sich und dem Leben in St. Petersburg erzählt, und sie ist eine gestandene Frau. Dass sie wie eine Kindergartentante versucht hat, uns am eigenständigen Erkunden unserer Umgebung zu hindern, war sicher nicht ihre Schuld, sondern auf das Gruppenvisum zurückzuführen.

Mit stolzer mütterlicher Stimme verabschiedet sie uns: »Sie haben alle durchgehalten. Jetzt haben Sie es geschafft!«

»Das war ein super Ausflug«, fasst die Prinzessin ihre Eindrücke zusammen, während wir durch den Zoll zum Schiff gehen.

»Auf jeden Fall haben wir allen gezeigt, dass Kreuzfahrtpassagiere keine Weicheier sind.«

»Genau, und wir haben alle Schlösser gesehen.«

Beide empfinden wir die erschöpfte Befriedigung, die man sonst vielleicht nach einer hundert Kilometer langen Radtour auf einem bergauf führenden Schotterweg verspürt.

Nicht jeder macht bei so etwas mit. Und manch einer geht gar nicht mehr vom Schiff, sobald er einmal drauf ist. Unbeirrt von den Horden, die, bewaffnet mit Wasserflaschen, Sonnenkappen und Rucksäcken, wie ein freigelassener Riesenameisenstamm aus dem Schiff quellen, lässt sich auch einfach der Blick auf die sonnenbeschienene Küste genießen.

Mir selbst lässt der Gedanke keine Ruhe, dass ich dann etwas Großartiges verpassen könnte. Allerdings kommen mir nach dem einen oder anderen Ausflug Zweifel, ob ich das, was ein Ort bietet, nicht auch in aller Ruhe vom Balkon aus hätte betrachten können. Santorin ist so ein Fall.

Schon die Einfahrt in die Caldera am frühen Morgen ist atemberaubend. Für alle, die den Begriff »Caldera« zum ersten Mal hören: Santorin war einst ein Vulkan. Jetzt sieht man davon nur noch den Kraterrand. Der besteht aus den Inseln Santorin und Aspronisi, die eine Art offenen Ring bilden.

In diese verzauberte Vulkanlandschaft manövriert man spektakulär hinein und ankert am Fuße der Inselhauptstadt Fira. Auf der dreihundert Meter hohen Felswand thronen weiße Kalksteinhäuser und orthodoxe Kirchen. Alles sieht genauso malerisch aus wie in jedem Griechenland-Reiseführer.

Um die Insel zu erkunden, haben meine Mutter und ich den Ausflug »Fira, Weinprobe und der Berg des Propheten Elias« gebucht. Da unser Schiff zu groß ist, um direkt im Hafen anzulegen, tendert uns die Crew mit unseren Rettungsbooten an Land.

Das geht erstaunlich schnell, wenn man bedenkt, dass wir diesmal 2500 Passagiere sind. Die Rettungsboote wirken immer so klein, wenn man sie außen am Schiff hängen sieht, tatsächlich passen aber in jedes um die zweihundert Leute rein.

Nach der Landung steigen wir in unseren Bus mit der Nummer 52 und fahren auf einem steilen Serpentinensträßchen bergauf. Das Bus-Chaos ist mal wieder gewaltig. Nicht nur wir sind mit 52 Bussen auf der Insel unterwegs, auch ein weiteres Kreuzfahrtschiff liegt in der Caldera vor Anker. Auf kleinen Inseln wird es dann schnell eng. Schade, dass sie sich nicht ausklappen oder sonst wie vergrößern lassen.

Erster Programmpunkt ist die höchste Erhebung der Insel, der Berg des Propheten Elias. »Genießen Sie den wundervollen Blick über die Insel«, schwärmt mein Reiseführer. Doch Pustekuchen. Heute Morgen sieht es nach gar keinem Blick aus. Wir fahren direkt in eine Nebelwand hinein. Nicht mal den Bus vor uns sehen wir noch.

»Das ist ja mal wieder typisch Berg«, sagt meine Mutter.

Oben angelangt, wandern wir alle hin und her. Vielleicht erlaubt uns der Berg ja von der anderen Seite einen Blick ins Tal? Nein, tut er nicht.

Alles ist voller Busse. Wo ist unserer?

»Wie sah der denn noch mal aus?«, frage ich.

Meine Mutter blickt sich ratlos um.

»Der könnte es sein«, sage ich und stürme auf ein weißes Gefährt mit einer griechischen Aufschrift los.

»Ist das Bus Nummer 52?«, frage ich eine Frau, die sich in die gleiche Richtung bewegt.

»Nein, das ist Nummer 36«, antwortet sie.

Wir irren weiter im Nebel zwischen den Bussen herum.

»Da ist doch unsere Reiseleiterin«, ruft meine Mutter plötzlich aus.

Kaum sind wir bei ihr, scheucht sie uns in den Bus.

»Wir fahren weiter in das Dorf Megalochori, das ist besonders idyllisch und typisch für die Insel. Es ist nur ein sehr kleines Dorf. Doch wenn wir uns beeilen, schaffen wir es vor den anderen. Wir sind als einer der letzten Busse hier oben angekommen. Also stehen wir günstig, um jetzt ganz vorne zu sein. Steigen Sie rasch wieder ein.«

Als der Busfahrer an einem Abhang wendet und dann die Serpentinen hinunterheizt, klammern wir uns an den Sitzen fest. Das Wettrennen ins malerische Dorf gewinnen wir sogar trotz der uns entgegenströmenden Buskolonne, die immer noch mehr Leute den Berg heraufbringt.

Megalochori wirkt wie ausgestorben. Es ist Sonntagmorgen und noch nicht mal neun Uhr. Die Bewohner des Ortes liegen wohl noch in den Federn. Wir promenieren die entzückende Hauptstraße des Dorfes entlang.

Ein Blick zurück zum Profitis Elias verrät, dass dort immer noch Nebel herrscht, auch wenn hier unten alles klar ist. Aus der Ferne sieht es so aus, als wäre da gar kein Berg.

»Bin ich froh, dass der Nebel noch immer da ist«, sage ich zu meiner Mutter. »Das wäre sonst wirklich ärgerlich, wenn er sich just in dem Augenblick gelichtet hätte, wo wir wieder unten sind.«

Die anderen haben uns eingeholt, und weitere Busse parken die schmale Hauptstraße zu. Von den Einwohnern ist noch immer nichts zu sehen. Die Reiseleiterin drängt wieder zum Aufbruch.

»Wir werden jetzt den hiesigen Wein probieren. Der Busfahrer wird etwas Gas geben, denn die anderen haben auch alle eine Weinprobe. Und wenn wir zuerst da sind, kommen wir schnell wieder los und nach Fira rein. Dort herrscht immer ziemlicher Andrang.«

Zwei andere Busse haben es geschafft, vor uns an die Weinkellerei zu gelangen. Ob sie vielleicht einen Programmpunkt ausgelassen haben, um sich einen Vorsprung zu erarbeiten?

Das Weingut liegt genau auf dem Kraterrand und bietet einen spektakulären Ausblick. Die ganze Caldera präsentiert sich direkt unter uns: die zwei kleinen Inseln, die in der Mitte des Rings liegen und nach dem Vulkanausbruch entstanden sind, das andere Schiff und unser eigenes und das in der Sonne glitzernde Meer. Viel schöner hätte der Ausblick vom Berg auch nicht sein können, sagen wir uns und nippen an dem Inselwein.

In der Inselhauptstadt verabschiedet sich unsere Reiseleiterin von uns. Wir haben jetzt Freizeit.

Eine Menschenmasse verstopft die Gasse mit den Souvenirläden und Cafés. Meine Mutter und ich kämpfen uns einmal bis zur höchsten Stelle des 2 500 Einwohner zählenden Ortes durch, besuchen das Museum und wühlen uns wie auf einem Volksfest wieder zurück.

»Also mir ist es hier zu voll«, sagt meine Mutter.

Gerade stecken wir in einem Knäuel aus Postkartenständern und Eis schleckenden Italienern fest. Ich fühle mich an ein Erlebnis in der Altstadt von Tunis erinnert. Dort habe ich mal eine Viertelstunde in einer Menschenmenge inmitten des Souks festgesteckt. Nichts ging mehr vorwärts oder rückwärts. Von allen Seiten wurde gedrängt. Mein Freund steckte ein paar Meter weiter vorn genauso fest.

Wenn es in den Nachrichten heißt, dass irgendwo Leute totgetrampelt wurden, schüttelt man ja den Kopf und denkt: Wie konnten die sich so leichtfertig dort hineinbegeben? Tatsache ist, dass man eine solche Situation einfach nicht kommen sieht.

In der Medina von Tunis löste sich die Menschentraube einfach wieder auf, und in Santorin lassen wir es gar nicht so weit kommen. Bei Besichtigungen sind wir echt hart im Nehmen, Santorin aber fühlt sich auch für uns klaustrophobisch an. Kein Wunder! Schon unser Schiff hat mehr Einwohner als die kleine Hauptstadt, und wir sind nicht die einzigen Touristen.

Auf der berühmten Maultier-Treppe steigen wir zum Hafen hinab. Kolonnen von abgearbeiteten Maultieren schleppen weitere Touristen in das Städtchen hinauf.

Wir setzen in einem noch angenehm leeren Rettungsboot zu unserem Schiff über. Unsere restliche Zeit in Santorin verbringen wir mit einem Kaffee auf unserem Balkon. Der bietet nämlich den schönsten Blick auf die Insel. Auch Fira, wo wir eben noch um Platz gekämpft haben, sieht von hier ganz friedlich aus. Eigentlich hätten wir uns den Ausflug sparen können, weil wir alles vom Balkon aus sehen. Hinterher ist man halt immer schlauer.

All die ehrwürdigen Orte und berühmten UNESCO-Weltkulturerbestätten verlieren sicher ein bisschen von ihrem Charme bei diesem Massenbetrieb. Wenn wir den Superstars unter den Sehenswürdigkeiten einen Besuch abstatten, müssen wir uns wohl oder übel damit abfinden, dass sie nicht nur uns eine Audienz gewähren. Doch sei's drum. Es muss ja niemand mitmachen.

Wir Kreuzfahrtreisenden sind daran wahrlich nicht alleine schuld. Den Louvre oder den Markusplatz wollen außer uns eben auch noch andere besuchen. Der Tourismuswahnsinn wird durch uns nur noch ein wenig zugespitzt.

Spannender als so manche angebliche landschaftliche oder

architektonische Sensation ist sowieso die Show, in der wir selbst mitspielen. Denn das Spektakel aus Hunderten von Bussen und ihren Insassen übertrifft so manches große Bühnenevent.

Den ersten Akt dieser großartigen Kreuzfahrtshow eröffnet jeden Morgen das Busballett. Während man selbst noch Spiegeleier und Bacon mampft, brausen aus allen Richtungen die Ausflugsbusse heran. Vor dem Schiff drehen sie eine Pirouette und reihen sich dann nach Ausflugsnummern sortiert auf. Spätestens nach unserem zweiten Kaffee und wenn wir im Gänsemarsch aus dem Schiff strömen, stehen sie bestimmt alle in Habachtstellung auf der korrekten Position.

Nehmen wir an, in einen Bus passen fünfzig Personen, dann sind das bei den zehntausend Passagieren, die mit uns im Hafen von St. Petersburg waren, zweihundert Busse. Und da einige wie wir in Minibussen unterwegs waren, vielleicht noch mehr! Bei dieser Menge von Bussen und Menschen geht wirklich die Post ab!

Ich kann mich an diesem Schauspiel gar nicht sattsehen. Morgens, wenn sie uns abholen, gucke ich genauso gern zu wie abends, wenn sie den letzten Akt aufführen und erneut von allen Seiten anbrausen. Und da die Balkonlogen immer gut gefüllt sind, scheine ich mit meiner Vorliebe nicht allein zu sein.

Besonders spannend wird es, wenn das Schiff ablegen soll. Noch dreißig Minuten, und die Buskarawane rollt gerade erst heran. Und dann sind es plötzlich nur noch fünf Minuten bis zur Abfahrt. Ganz in der Ferne taucht noch ein Bus auf. Ist das noch einer von uns? Wie lange haben wir von dort bis zum Schiff gebraucht?

Die Matrosen nehmen schon die Gangway auseinander. An Bug und Heck warten bereits die Hafenarbeiter, um gleich die Taue von den Pollern zu lösen.

Aha, ein Offizier mit mehreren Streifen am Hemd, Funkgerät in der Hand, erscheint und redet auf die Matrosen ein. Die Arbeiten an der Gangway geraten ins Stocken. Zwar sind alle Teppiche, Sonnenschirme und Schilder entfernt, doch der Steg selbst bleibt liegen. Man wartet noch auf einen Bus. Trifft der endlich ein, geht ein erleichtertes Raunen durch die Balkons.

Jeden Tag rockt das Schiff mit diesem grandiosen Spektakel die Bühne. Und wir sind als Statisten mittendrin oder sitzen auf unserem Balkon immer dann in der Loge, wenn wir selbst keinen Ausflug gebucht haben oder frühzeitig zurück sind. Schon so manche Sail-Away-Party habe ich ausfallen lassen, um das Schauspiel bis zum letzten Augenblick zu genießen.

Doch das Busballett ist nicht nur zu unserer Unterhaltung da, es dient auch der Orientierung. Niemand muss nach dem Weg zu einer Sehenswürdigkeit fragen, wenn dort das gesamte Corps de Ballet herumwirbelt.

Mit meiner Mutter wollte ich im norwegischen Bergen einmal die Stabkirche anschauen. Dafür hatten wir uns einfach ins Taxi gesetzt. Die Stabkirche liegt außerhalb der Stadt, und zu Fuß wäre es zu weit gewesen. Obwohl sie sich in jedem Reiseführer befindet, hatte der pakistanische Taxifahrer noch nie von der Fantovt Stavkirke gehört.

Im teuersten Taxi der Welt irrten wir durch norwegische Wohngebiete. Plötzlich tauchte ein Knäuel aus zehn Bussen vor uns auf. Es waren die Busse von unserem Schiff. Nur weil man individuell unterwegs ist, heißt das nämlich noch lange nicht, dass man bei dem Spektakel außen vor ist.

Die Kirche liegt in einem Wäldchen und ist von der Straße her unsichtbar. Deshalb war sie dem Taxifahrer noch nie aufgefallen. Wir bedeuteten ihm, eine Viertelstunde auf uns zu warten, und stapften hinter den Gruppen her in das Wäldchen. Ohne die Busse wären unsere norwegischen Kronen wohl futsch gewesen. Und die mittelalterliche Kirche aus Holz hätten wir bis heute nicht gesehen. Nicht allein zu sein hat manchmal auch Vorteile.

Rettungsringe für Anfänger

♦ Reservieren Sie Ausflüge, die Ihnen am Herzen liegen, lieber vor der Abreise. Sonst sind sie womöglich ausgebucht.

♦ In Ihrem Tagesprogramm erfahren Sie am Vorabend, wo sich Ihre Gruppe trifft. Dort erhalten Sie dann einen Aufkleber mit Ihrer Busnummer. Normalerweise werden Sie gebeten, sich wieder hinzusetzen und zu warten, bis Ihr Ausflug aufgerufen wird und alle Passagiere des Busses auf einmal rausdrängeln. Sobald Sie Ihre Busnummer haben, können Sie sich aber auch einfach allein zum Ausgang begeben und Ihren nummerisch aufgereihten Bus suchen. Vielleicht erhaschen Sie eine Lücke zwischen all den Gruppen und haben die Treppe ganz für sich.

- Liegt das Schiff außerhalb der Stadt, wird in der Regel ein Shuttle ins Zentrum angeboten. Dieser ist aber oft teurer oder zumindest nicht billiger als ein Taxi. In der Taxischlange macht man zudem Bekanntschaften, und vielleicht lässt sich auch eine Last-Minute-Fahrgemeinschaft bilden.

- Ausflugsbüro oder Rezeption halten häufig Kopien von Stadtplänen bereit. Sind Sie nicht selbst mit ausreichend Erkundungsmaterial angereist, können Sie sich hier versorgen lassen und auf eigene Faust die Stadt unsicher machen.

- Hier sagt man Ihnen auch, wo das Schiff genau anlegen wird. Größere Städte haben nämlich meist nicht nur einen Hafen. Vor der Abreise finden Sie diese Information höchstens auf der Webseite der Häfen. Die Kreuzfahrtgesellschaften schweigen sich in der Regel hierzu aus. Gute Informationen zur Lage der Häfen liefern die Kreuzfahrtreiseführer von Dumont und Merian.

- Und wenn es Ihnen gefallen hat, Sie aber viel zu wenig Zeit hatten, können Sie ja wiederkommen. Vielleicht in der Nebensaison? Dann allerdings stellt sich die Frage, ob Sie nicht vor geschlossenen Eingangstüren stehen. Aber das ist ein anderes touristisches Kapitel.

Ein bisschen Gemecker ist immer drin

Die große Lust an Pech und Pannen

Da hat man sich monatelang auf die schönsten Wochen des Jahres gefreut und dann das: Der Lärm der abendlichen Theateraufführung dringt bis in unsere Kabine, der Safe macht vom ersten Tag an Zicken. Und der Ausflug nach Sevilla fällt gleich ganz ins Wasser, weil im Hafen von Cádiz wegen Nebels gar nichts mehr geht. Nichts ist so wie auf den traumhaften Katalogbildern.

Die einen ziehen schon wegen etwas Staub auf dem Kleiderschrank vor Gericht, andere gönnen sich auch nach echten Katastrophen nur einen zweiten Gin Tonic. Nicht immer lässt sich ändern, was uns nervt. Dafür bieten uns Pannen die Gelegenheit, uns einmal so richtig von Herzen auszumeckern.

Auf meiner ersten Kreuzfahrt geht gleich alles mit Pauken und Trompeten schief. Die Ouvertüre erfolgt noch am Einschiffungstag, als wir von Stralsund nach Rügen übersetzen. Wegen des starken Windes dürfen wir schon unseren ersten Hafen nicht anlaufen. Sind wir vielleicht an einem stürmischen Januartag unterwegs? Keineswegs! Es ist Mitte Juli, die Sonne scheint, aber der Wind hat eben »aufgebrist«, wie unser Kapitän ein ums andere Mal mit stoischer Ruhe durchsagt.

Die Ostsee streckt uns die Zunge heraus. »Ätsch«, brüllt sie,

»ich bin auch ein richtiges Meer. Was Wind und Wellen angeht, kann ich mich mit den ganz Großen messen.«

Sowieso sind wir wohl auch nicht auf dem seetüchtigsten Schiff der Welt unterwegs. Es handelt sich nämlich um ein Flusskreuzfahrtschiff, das nicht ganz für einen Törn durch Monsterwellen gebaut ist.

Auch scheint der Hafen des Schifferdorfes Schaprode nicht eben der Nabel der Kreuzfahrtwelt zu sein. Außer Jachten und der Fähre nach Hiddensee legt hier sonst niemand an. Zu viel Idylle kann eben auch mal nach hinten losgehen.

Wir hopsen genau vor dem Hafen auf den Wellen herum, aber wir kommen nicht rein. Unsere vergeblich wartenden Ausflugsbusse fahren nach einer Stunde wieder ab, und auch wir drehen bei. Abends legen wir bei ruhiger See in Hiddensee an. Am nächsten Tag kämpfen wir uns dann gegen die Wellen zurück nach Stralsund, von wo wir aufgebrochen sind.

Obwohl es schon wieder mächtig aufgebrist hat, gelingt es dem Kapitän, unseren Kahn in den Hafen der alten Hansestadt hineinzubugsieren. Diesmal werden keine Experimente gemacht. Die Busse bringen uns über den Rügendamm zum Kreidefelsen. Ende gut, alles gut? Von wegen!

Zwar haben wir die Hauptattraktion im Kasten, doch so richtig zufrieden sind die Gäste immer noch nicht. Die Sache ist schließlich nicht exakt so verlaufen, wie sie geplant war. Und das ist allemal ein Manko.

»Ich verstehe das nicht«, seufzt Frau Kühne, unsere Reiseleiterin. »Es ist doch egal, ob wir um fünf vor zehn unter einer Brücke durchfahren oder um fünf nach zehn. Warum regen sich die Leute immer gleich auf?«

Sie ist gerade erst mit dem Kunstgeschichtsstudium fertig und noch so grün hinter den Ohren, dass ihr nicht einmal klar ist, dass für viele Leute die Einhaltung des Plans oberste Bürgerpflicht ist. Ob man das nun versteht oder nicht.

Dabei ist es gar nicht so schwer zu verstehen. Wir sind schließlich in Deutschland. Pläne müssen bei uns genauso eingehalten werden wie Vorschriften und Regeln. Wir als Bürger und Arbeitnehmer haben uns daran zu halten und erwarten das auch von anderen. Bekommen wir nicht auch gleich ein Knöllchen, wenn wir falsch parken? Genauso wie wir sollen, bitte schön, auch andere die Regeln akzeptieren.

Doch auch am nächsten Tag wird erneut gegen den Plan verstoßen. Wir legen in Wolgast an statt wie angekündigt in Ueckermünde. Auf unserem Anlegeplatz hat sich ein anderes Schiff breitgemacht. Unverschämtheit!

»Dieses Schiff hat einen Stern mehr, deshalb wird es bevorzugt, und wir müssen zurückstecken«, verrät uns eine Schweizerin, mit deren Familie wir den Tisch teilen.

Für meine Eltern, meine Schwester und mich ist es die erste Kreuzfahrt, und damit fehlt uns jeglicher Vergleich. Doch die kreuzfahrterfahrene Schweizerin erzählt, dass sie noch nie eine so miserabel organisierte Reise erlebt habe. Dabei liegt die wahre Planungskatastrophe zu diesem Zeitpunkt noch vor uns.

Schaukelnd verlassen wir die bewegte Ostsee Richtung Oder. Wir atmen erleichtert auf, denn über uns braut sich ein Gewitter zusammen. In unserem nicht sonderlich hochseefesten Kahn hätte es auf dem Meer ungemütlich werden können. Vor allem weil die Ostsee sich und anderen ja wohl immer etwas beweisen muss.

Wir erreichen Stettin. Obwohl das Konkurrenzschiff wie immer vor uns da ist, können auch wir dank ausreichender Anlegeplätze die Stadt besichtigen. Optimistisch blicken wir auf die bevorstehenden Highlights unserer Tour. Doch man soll den Tag nicht vor dem Abend loben. Stettin bleibt eine Ausnahme. Schon am nächsten Tag setzt sich die Pannenserie fort. Fasziniert beobachten wir, wie unsere Matrosen das 83 Meter lange Schiff mitten in der Wildnis an Bäumen vertäuen und eine Planke vom Oberdeck ins Gebüsch hinunterlassen. Weit und breit ist kein Ort zu sehen. Ach du lieber Himmel, was ist denn jetzt wieder los? Das wird ja immer besser!

»Es gibt ein Problem mit dem Schiffshebewerk in Niederfinow«, raunt uns die Schweizerin zu.

Dieser Schiffsaufzug, mit dem Schiffe 36 Meter angehoben werden, um eine Höhendifferenz im Oder-Havel-Kanal zu überwinden, ist das Highlight unserer Reise. Dumm gelaufen, denn das technische Wunderwerk geht just an dem Tag zu Bruch, an dem wir an der Reihe sind. Ist ja eigentlich klar, oder? Weil das Schiffshebewerk außer Betrieb und deshalb kein Durchkommen mehr ist, hat sich auf dem Fluss ein Stau gebildet. Alle Anlegeplätze sind schon belegt, sodass für uns nur die Wildnis bleibt.

»Das Schiff mit dem Stern mehr hat natürlich noch einen bekommen«, informiert uns die Schweizerin beim Essen.

»Das Schiffshebewerk soll morgen wieder arbeiten«, tönt es dann besänftigend aus den Lautsprechern, als wir uns abends hinlegen.

Doch am nächsten Morgen ist davon keine Rede mehr. Wir

liegen in der Pampa fest und beobachten einen Graureiher. Der Haken bei Graureihern ist jedoch, dass der Großteil ihrer Show aus stundenlangem, reglosem Herumstehen besteht. Irgendwann wird das langweilig.

Immerhin findet nachmittags der bereits gebuchte Ausflug statt. Schwankend balancieren wir über die Planke vom Schiff. Einige ältere Herrschaften müssen von unseren Matrosen sogar getragen werden. Auch ohne Macheten schaffen wir es, uns durch das Schilf und Gestrüpp zu kämpfen.

Das Kloster Chorin, ein Höhepunkt der Backsteingotik, das kaputte Schiffshebewerk und der Werbellinsee bilden das Programm. Sobald wir im Bus sitzen, entscheidet Frau Kühne, dass das Kaffeetrinken am See Vorrang hat. Schon in diesem Moment schwant allen Böses.

Eingedeckt ist in einem Garten, dem allerdings das Wesentliche fehlt: der Seeblick. Obwohl es massenweise freie Plätze gibt, werden wir in klassischer DDR-Manier in die hinterletzte Ecke des Lokals bugsiert. Es gibt Kuchen vom Blech und für jeden eine Tasse Kaffee.

Für Fontane-Fans wäre es womöglich auch so ein erhabener Moment gewesen. Selbst ohne Blick auf den See, den der Dichter so liebte. Doch ausgerechnet dieser Schriftsteller ist mir keine Hilfe, weil er mich immer nur an die Langeweile des Deutschunterrichts erinnert.

»Bisschen öde hier«, bringt mein Vater die Szenerie auf den Punkt und nippt an seinem Filterkaffee. Er sitzt so, dass er genau auf die den Seeblick verhindernde Hecke schaut.

»Frau Kühne sollte lieber mal sehen, dass wir in die Pötte kommen«, spricht meine Mutter das aus, was alle denken, und blickt auf ihre Uhr. »Nicht dass wir nachher keine Zeit mehr für das Kloster haben.«

Endlich geht es weiter. Auf dem Weg zum Schiffshebewerk verfährt sich der Busfahrer prompt. Er ist nicht von hier, sondern mit seinem Bus extra aus Berlin herbeigerollt.

Als wir das Schiffshebewerk endlich gefunden haben, stellen wir fest, dass es immer noch nicht funktionsfähig ist. Es sieht zwar auch so beeindruckend aus, aber letztendlich möchte man doch mit eigenen Augen sehen, wie die Schiffe hochgehoben werden.

Die ersten beiden Punkte des Ausflugsprogramms sind bisher nicht gerade die echten Knüller. Die Backsteingotik muss jetzt alles rausreißen.

Wieder gurken wir aufgrund der mangelnden Ortskenntnis des Busfahrers stundenlang in der brandenburgischen Landschaft herum. Um sechs soll das Kloster schließen, und die Zeit wird knapp. Das haben alle außer der Reiseleiterin vorhergesehen. Ihre Durchsagen klingen plötzlich nervös.

Um zehn vor sechs gelangen wir endlich auf einen Parkplatz. Ein einsames Ehepaar steigt in sein Auto und fährt davon. Ansonsten ist der Parkplatz völlig leer.

»Gerade noch mal so geschafft«, scherzt Frau Kühne beim Aussteigen erleichtert.

Die Ersten erreichen die Eingangspforte und drücken dagegen. Nichts tut sich.

»Die haben zu«, ruft eine Frau mit riesigem Sonnenhut, die gegen die Pforte drückt.

Wir anderen wollen es nicht glauben und versuchen ebenfalls unser Glück. Vergeblich, die Pforte gibt nicht nach.

Ach du meine Güte! Das ist ja wie in einer Komödie, in der einfach nichts klappen will. Dabei sind wir nicht etwa in einem für seine chaotischen Zustände bekannten Land unterwegs. Nein, wir sind bei uns daheim, im Land der Planer und Lenker. Pünktlichkeit sollte hier doch wohl jeder Reiseleiter und Busfahrer aus dem Effeff beherrschen.

Das Gesicht der Schweizerin ist rot vor Zorn, als wären wir extra Tausende von Kilometern auf die Galapagosinseln gereist, und jetzt würde uns die Landung verwehrt.

Ganz unschweizerisch flippt sie völlig aus.

»Stundenlang haben wir in diesem Café ohne Ausblick verplempert«, kreischt sie vorwurfsvoll in Richtung Reiseleiterin.

»Die sollten doch bis sechs aufhaben«, stammelt Frau Kühne unentwegt. »Die haben ihren Laden zu früh geschlossen.«

Sie ist völlig vor den Kopf geschlagen und schnappt nach Luft. Immer wieder drückt sie gegen die Pforte, als müsste sich diese gleich wie ein Sesam-öffne-dich auftun.

Doch wir haben Glück. Plötzlich winkt von der anderen, der inneren Seite der Pforte die Dame mit dem riesigen Sonnenhut.

»Es gibt einen Hintereingang. Die sind noch da! Die hatten nur schon Feierabend gemacht, weil sie dachten, jetzt kommt eh keiner mehr.«

Eine ältere Frau in einem Kittel watschelt mit einem gigantischen Schlüsselbund heran.

»Na, Sie sind aber spät dran«, sagt sie vorwurfsvoll und schließt das Tor auf.

»Hat ja doch noch gut geklappt«, meint Frau Kühne, sofort wieder bestens gelaunt, während wir in zehn Minuten durch das Kloster hetzen.

Das ist zwar nicht gerade die vorgesehene Stunde, doch wir sind heilfroh, überhaupt zu unserer Besichtigung zu kommen. Besser als nichts!

Auch am nächsten Tag ist das Schiffshebewerk außer Betrieb. Wir schippern einige Kilometer die Oder hoch, um zu tanken. Über das Tankschiff klettern wir an Land und spazieren durch ein Dorf, in dem wegen des Schiffshebewerks große Aufregung herrscht. Dann gondeln wir wieder zurück zu unserem provisorischen Anlegeplatz im Dickicht und erleben, wie der Graureiher doch noch einen Fisch fängt. Ein ungewöhnliches Tagesprogramm für eine Kreuzfahrt, aber wegen des Tankschiffs doch irgendwie interessant. Und definitiv Entspannung pur.

Statt mit dem Schiff den Oder-Havel-Kanal hinauf geht es am letzten Tag ohne Irrfahrten mit Bussen nach Berlin.

Das Schiffshebewerk arbeitet zwar wieder, es wird aber noch Tage brauchen, um den Stau auf der Oder abzuarbeiten. Und unsere Reise geht an diesem Tag zu Ende. Die Mehrheit scheint darüber froh zu sein. Dabei ist uns gar nichts Schlimmes passiert, alles verlief nur deutlich anders als im Katalog angekündigt.

1998 war es noch nicht Sitte, sofort seinen Reiseveranstalter zu verklagen, wenn es zu Abweichungen vom Plan kam. Das Fernsehen war noch nicht voller Ratgebersendungen, in denen sich vor Empörung überschlagende Reporter, mit weißen Handschuhen angetan, in den Kabinen auf Staubjagd begeben. Es gab kein Internet, in dem einem unter dem Stichwort »Kreuzfahrt Reklamation« die Seiten von Anwälten entgegensprangen, die sich auf das Verklagen von Kreuzfahrtgesellschaften spezialisiert haben. Und es war auch noch nicht Usus, dass große Boulevardzeitungen Hitlisten mit den häufigsten oder absurdesten Klagen veröffentlichen.

Wir zumindest haben die Reise damals einfach unter »eine interessante Erfahrung« abgespeichert.

Ohne die tägliche Katastrophe wäre mir die mecklenburgische Küste vielleicht doch auch etwas zu vertraut gewesen. In meiner Kindheit habe ich alle Sommerferien bei meiner Oma in Norddeutschland verbracht. Die Ostsee zickte in Mecklenburg-Vorpommern genauso herum wie in Schleswig-Holstein.

Auf dem Schiff schien man zudem eine Zeitreise angetreten zu haben. Vormittags um elf stülpte sich der Oberkellner die weißen Handschuhe über und servierte aus einem ansehnlichen Topf eine Bouillon. Die konnte man dann an Deck löffeln.

Jedes Mal wenn der slowakische Barkeeper Madonna auflegte statt deutscher Schlager, kam der Kapitän höchstpersönlich und schimpfte über die Musik. Auch wenn die einzigen beiden Gäste, meine Schwester und ich, ihm versicherten, dass wir lieber Madonna hörten, hielt ihn das nicht von seinen Schimpftiraden ab.

Die permanenten Planänderungen und Pleiten machten eine etwas verstaubte und langweilige Sache zu einem Abenteuer voller Überraschungen.

Unabhängig davon, was tatsächlich aus den Fugen gerät, liegt es doch immer auch an uns, ob wir das Glas als halb voll oder halb leer wahrnehmen. Wer schon mit einem Zollstock im Gepäck anreist, um zu prüfen, ob die Größe des Zimmers auch mit den Angaben im Katalog übereinstimmt, wird sicher irgendwo ein Haar in der Suppe finden. Selbst wenn es sich gar nicht auf dem eigenen Teller befindet.

Einmal brachte uns ein Charterflug nach Dubai, der mit fünf Stunden Verspätung abhob, weil es in Frankfurt schneite. Auf dem Schiff herrscht sofort Meckeralarm.

»Lassen Sie sich das bloß nicht gefallen«, schnaubt ein Mittsechziger mit gestutztem Vollbart und Metallbrille.

Beim Kaffeetrinken mit Blick auf das Burj al Arab haben wir ihm von unserem Verspätungsabenteuer erzählt. Obwohl er selbst gar nicht betroffen ist, fängt er an, sich aufzuregen.

»Holen Sie sich Ihr Geld zurück«, hetzt er uns auf.

Doch dazu haben wir keine Lust.

»Jetzt sind wir doch hier«, sagt meine Mutter und schaufelt sich ein Stück Kuchen in den Mund.

»Na ja, wenn Sie das mit sich machen lassen«, fährt er fort, als wären Waschlappen wie wir irgendwann auch am Untergang des Abendlandes schuld.

Dann erzählt er uns, was er selbst in Sachen Beschwerde in petto hat.

»Meine Frau und ich sind mit dem Schiff den ganzen Weg von Italien nach Dubai gefahren. Im Golf von Aden hatten wir ständig einen Marine-Hubschrauber über uns. Das war vielleicht ein Lärm, sage ich Ihnen. Man konnte gar nicht an Deck gehen.«

Wir waren sprachlos. Heutzutage ist es ein bisschen still geworden um die Piraten im Golf von Aden. Doch 2010 war Piraterie in Somalia noch ein einträglicher Geschäftszweig. Fernsehen und Zeitungen waren voll von entführten Schiffen. Andere wären vielleicht froh gewesen über den Schutz. Oder hätten gar nicht erst eine Kreuzfahrt durch Piratengebiet angetreten. Dieser Mann aber überlegte, wie er aus dem Piratentum Geld rausschlagen könnte.

Wir haben uns weder Skyline-Blick noch Kuchen miesmachen lassen. Doch weil es gerade manchmal die Mitreisenden sind, über die man sich am meisten wundert, hier meine persönlichen Top Ten der größten Nervensägen an Bord.

Hitliste Nervensägen

1. *Die Mallorca-Veteranin*

   Jahrzehntelang hat sie ihre Handtücher über die Liegen der Mittelmeerinsel geworfen. Ihr Spezialgebiet ist es, nicht nur für sich selbst ein Plätzchen zu ergattern, sondern für ihre gesamte Clique. Auf dem Schiff breitet sie ihre überlangen Arme nicht nur am Pool über den von ihr beanspruchten Bereich aus, sondern gern auch im Büfettrestaurant. Und zwar Stunden bevor es überhaupt etwas zu essen gibt. Sogar ihre Handtasche gilt ihr als Teil ihrer Clique. Die braucht nämlich im Bus einen eigenen Sitzplatz. Selbst wenn die Plätze abgezählt sind und es so aussieht, als müssten andere stehen. Das juckt sie null.

2. *Die Junggesellen vom Bierwagen*

   Glücklicherweise sind sie nur auf Kurztrips an Bord. Dann aber können sie sich zu einem besoffenen und grölenden Ärgernis entwickeln, dem nur der Kapitän Einhalt gebieten kann.

3. *Der Projektleiter*

Wie ein Spürhund nimmt er sofort Witterung auf, wenn etwas nicht optimal organisiert ist. Ob in fernen Ländern oder auf dem Schiff — für ihn ist die Welt nicht mit Wundern übersät, sondern voller Verbesserungspotenzial. Und er weiß bestimmt, was getan werden muss, damit es optimal läuft. Aber hallo! Bevorzugt tummelt er sich auf deutschen Schiffen, denn selbstredend ist er einer von uns.

4. *Die Stühle rückenden Nachbarn*

Die gute Nachricht: Wenigstens grillen sie nicht auf ihrem Balkon. Leider rücken sie dort aber ständig die Stühle laut hin und her, bevorzugt zu später Stunde. Den Stühlerückern ist die Idee, dass etwas zu laut sein könnte, gar nicht bekannt. Wo sie herkommen, ist Lautsein nämlich einfach kein Thema. Sie treffen sie vor allem auf italienischen Schiffen.

5. *Die Meckertüte*

Wie ein Penner, der einen um einen Euro anhaut, liegt sie auf der Lauer. Wer ihrem Blick nicht rechtzeitig ausweicht, wird gnadenlos in ihr Gemecker einbezogen. Dabei kann alles und jeder der Anlass sein: Essen, Ausflüge, das allgemeine Niveau und die anderen Gäste, zu viele Durchsagen oder zu wenige Durchsagen. Sie hat mindestens fünfzehn Kreuzfahrten auf dem Buckel und die aktuelle ist immer die schlechteste.

6. *Die Crew-Mobber*

Ständig regen sie sich darüber auf, dass die indonesische, philippinische oder vietnamesische Crew nicht gut genug

Deutsch spricht. Man hat schließlich ein deutsches oder ein deutschsprachiges Schiff gebucht. Der Witz ist, dass viele Passagiere genau deshalb an Bord sind, weil sie selbst keinerlei Fremdsprachenkenntnisse vorzuweisen haben. Die Crewmitglieder dagegen können sich jeweils in einer Handvoll von Sprachen verständigen. Doch natürlich beherrschen sie nur Standards. Ausgefallene Wünsche müssen eben auf Englisch vorgebracht werden. Doch daran scheitern die Crew-Mobber. Und das macht sie wütend.

Und jetzt mal Spaß beiseite und Hand aufs Herz: Wir alle wissen, auf wessen Rücken der ganze Spaß ausgetragen wird. Einige müssen enorm schuften und sind dabei unterbezahlt, damit wir uns die Kreuzfahrt überhaupt leisten können. Da ist den Meckerreflex im Zaum halten und großzügig Trinkgeld geben ja wohl das Mindeste, was wir tun können.

7. *Die Lateinlehrerin*

Sie ist rein zufällig an Bord, weil sie sonst eher mit Studiosus unterwegs ist und antike Trümmer besichtigt. Nicht nur ist sie in der Lage, zwischen dorischen, ionischen und korinthischen Säulen zu unterscheiden, sie korrigiert auch jeden Fehler des Reiseleiters sofort. Behauptet dieser etwa, dass dort ein Eissturmvogel sitzt, während es sich bei dem Tier laut ihrem Vogelkunderatgeber aber um einen Basstölpel handelt, schreitet sie umgehend ein. So macht sie es bei ihren Schülern schließlich auch.

8. *Der YouTube-Regisseur*

Schon Stunden bevor die Brücke über den Tejo in Sicht kommt, baut er ganz vorn an Deck sein Stativ auf und verharrt dort so lange, bis er alles im Kasten hat. Da er immer im Rudel auftritt, sind die besten Aussichtsplätze stets belegt. Was man selbst verpasst hat, kann man dann bei YouTube unter »Die Lissabon-Reise von Michi und Uschi« anschauen.

9. *Die Streber*

Lange bevor der Ausflugsbus abfährt, sitzen sie schon da und halten Ausschau, wer als Letzter einsteigt. Selbst wenn der Letzte immer noch pünktlich ist, er ist eben der Letzte, und man hat auf ihn gewartet. Schlimmer sind natürlich die Unpünktlichen. Da man ihnen aber so selten begegnet, landet diese Spezies bei mir erst auf Platz 11.

10. *Die oberen Zehntausend*

Eigentlich sind sie was Besseres oder wären es gern. Nie hätten sie gedacht, dass es sie einmal in eine so vulgäre Umgebung verschlägt. Beim ersten Adilettenträger, der ihren Weg kreuzt, verschütten sie gleich ihr Weißweinglas.

Sie und ich gehören selbstverständlich nicht zu diesen Nervensägen. Wie die große Mehrheit an Bord sind wir rücksichtsvoll und nett. Und wir wissen sogar, dass jeder nach seiner Fasson glücklich werden muss.

Doch was, wenn es nicht an unseren Nörgelgenen liegt, sondern tatsächlich ein handfester Grund vorliegt, um aus der

Haut zu fahren? Wenn es auf Ihrem Zimmer den ganzen Tag nach Essen riecht, weil Sie direkt über dem Restaurant einquartiert sind, versuchen Sie vielleicht erst einmal, Abhilfe zu schaffen, indem Sie sich beschweren. Ist das Schiff nicht gerade ausgebucht, wird man sicher auch versuchen, Ihnen entgegenzukommen.

Nicht immer ist das aber möglich. Statt Fotos am Automaten bei *dm* auszudrucken, schleudert der eine oder andere nach seiner Rückkehr dann erst einmal seinen ganzen Zorn in einen Reklamationsbrief. Und wenn darauf nichts folgt, sieht man sich eben vor Gericht.

Um mir einen Überblick zu verschaffen, was dort so verhandelt wird, mache ich eine Kreuzfahrt durch Zeitungsartikel und Webseiten von Anwälten mit Links zu einschlägigen Gerichtsurteilen.

Gute Chancen mit einer Reklamation scheint man zu haben, wenn etwas Gravierendes in der Kabine nicht stimmt. Wenn es keine Klimaanlage gibt, obwohl diese im Katalog angekündigt wurde, oder das Wasser in der Dusche nur kalt ist. Zumindest haben sich hier einige Leute vor Gericht schon eine Reisepreisminderung erstritten.

Auch wenn etwas auf dem Schiff nicht in Ordnung ist, beispielsweise der Pool kein Wasser hat, könnten Sie mit einer Reklamation Erfolg haben. Und ein älteres Ehepaar aus Berlin hat gerade eine Reisepreisminderung erstritten, weil an Bord ihres Schiffes die Dreharbeiten für »Das Traumschiff« stattfanden. Das Ehepaar fühlte sich davon gestört und bekam Recht. Wenn Ihnen allerdings auf einem Partydampfer die Musik zu laut ist, müssen Sie das aushalten. Auch hierzu gibt es ein Urteil.

Ebenso liegt kein Reklamationsgrund vor, wenn Sie seekrank werden. Hier machen Sie sich aber sowieso am besten die Ansicht des alten Skippers aus Cristine Cazons Krimi »Stürmische Côte d'Azur« zu eigen: »Seekrankheit ist eine Erfindung der Pharmaindustrie.« Das mag eine extreme Einstellung sein, aber damit fahren Sie allemal besser, als wenn Sie sich ständig um ein paar Wellen Sorgen machen. Auch Hafenlärm, das Rattern des Ankers und das Motorengeräusch müssen Sie ertragen. Das gehört bei einem Schiff einfach dazu.

Ein Reklamationsgrund scheint aber immer vorzuliegen, wenn angekündigte Programmpunkte ausfallen. Sein ganzes Geld erhält man dann zwar nicht zurück, aber möglicherweise einen auf diesen Tag bezogenen Anteil. Versuchen kann man es ja zumindest mal. Wenn es nicht reicht, bei der Kreuzfahrtgesellschaft zu reklamieren, oder man von dort nur eine unbefriedigende Antwort erhält: Das Internet wimmelt von Anwälten, die gern für Sie tätig werden.

Selbst wenn es kein Geld zurück gibt, haben wir aber etwas gewonnen: eine Anekdote, die einem faden Diaabend Würze verleiht und mit der wir bei unserer nächsten Kreuzfahrt den gesamten Tisch unterhalten können.

Und dann gibt es noch die, die selbst dann nicht zufrieden sind, wenn alles glattläuft. Thomas Mann beispielsweise unternahm 1925 eine Kreuzfahrt auf dem Mittelmeer. Der Luxusdampfer *General San Martin* brachte ihn von Venedig nach Montenegro und Ägypten. Dann kamen Konstantinopel, Taormina, Neapel, Capri, Algier, Málaga, Barcelona und schließlich Genua. Der Dichter hatte keine Beschwerden, war aber trotzdem froh, als die Tour endete. Das gute Leben im Liegestuhl vor seiner Offizierskabine ödete ihn nach einiger Zeit nämlich einfach an. Trotz üppiger Verpflegung und Tanzkapelle.

Ein ehemaliger Arbeitskollege von mir trieb es noch weiter. Er erzählte, dass einem Paar, mit dem er und seine Frau auf Malta waren, dort die Handtasche und das Portemonnaie gestohlen wurden. Statt die beiden zu bemitleiden, war er neidisch. »Uns passiert so etwas Aufregendes nie«, klagte er hinterher. Ein bisschen Gemecker ist also immer drin.

Rettungsringe für Anfänger

♦ Wer sich voll auf die traumhaften Hochglanzkatalogbilder und die »Wir-wollen-dass-Sie-jede-Sekunde-genießen«-Sprüche verlässt, könnte eine Enttäuschung erleben. Vor allem wer das Schnäppchen bucht, darf sich nicht gleichzeitig vorstellen, wie Lady Di mit einem Champagnerglas in der Hand auf einer Jacht vor St. Tropez zu sitzen, während der Butler den Bademantel bereithält. Sowohl der Dom Pérignon wie auch der Bademantel werden nämlich kostenpflichtig sein. Ein Butler wird gar nicht erst auftauchen, und der Liegestuhl könnte schon mit einem Handtuch reserviert sein. Bei solch falschen Erwartungen ist Meckern vorprogrammiert.

Der Neptun-Kult

Und jetzt: Spot an für das Meer

Niemand soll nach einer Kreuzfahrt sagen, er habe das Meer nicht gesehen. Damit die Attraktionen des Schiffs nicht mit denen der großen, weiten Welt kollidieren, zelebrieren die Veranstalter die Wunder des Meeres. Inseln, Fjorde, Eisberge, Wale und Delfine, Marineschiffe, Brücken und was es sonst noch so in der maritimen Welt gibt, werden im Kollektiv bestaunt. Diese Mischung aus Event und Gottesdienst lockt wenigstens einmal während einer Tour auch all die Bingo-Süchtigen, Wellness-Fanatiker und Bar-Hocker an Deck.

Dieser Neptun-Kult, wie ich ihn taufen möchte, geht so: Gleich navigieren wir zwischen zweien der Westmänner-Inseln vor der Küste Islands durch. Heimaey ist die größte Insel der Gruppe, ihr Vulkan ist zum letzten Mal 1973 ausgebrochen. Das kleinere Bjarnarey wird an unserer Steuerbordseite auftauchen.

Schon eine Stunde vor der geplanten Passage trudeln die ersten Zuschauer auf dem Deck ein. Im Tagesprogramm ist die Veranstaltung als absolutes Muss angekündigt worden. Doch doppelt gemoppelt hält besser. Gerade erfolgt noch einmal eine Durchsage in sechs Sprachen. Obwohl das Schiff sonst alles tut, um sich selbst in den Mittelpunkt zu rücken: Diesmal ist es anders. »Krieg mal deinen Hintern hoch und verplempere deine

Zeit jetzt nicht am Roulettetisch oder bei einem Mojito im Hafenclub. Komm bitte nach oben und schau zu, was ich hier extra für dich auf die Beine stelle. Wir alle wollen gemeinsam dem Gott des Meeres huldigen«, scheint es uns mit seiner tiefen Schiffshornstimme zuzutröten.

Meine Mutter und ich haben uns einen Platz ganz vorne gesichert, von wo man den besten Rundumblick hat. Es ist Juli, doch ich trage meinen Parka. Die Kapuze ziehe ich über den Kopf, während ein Kellner mit Wollhandschuhen mir einen Glühwein anbietet.

Obwohl wir uns noch südlich des Polarkreises befinden, wird es um halb elf abends schon nicht mehr richtig dunkel. Die ganze Nacht lang dämmert es einfach so vor sich hin.

Vor uns erheben sich schroffe schwarze Felsen aus dem Meer. Auf die fahren wir genau zu. Aus der Ferne betrachtet sieht es so aus, als lägen die Inseln eng beieinander. Passt unser Riesenkahn da überhaupt durch?

Einer Insel allzu nahe zu kommen hat seit der *Costa-Concordia*-Katastrophe etwas von einer Fahrt in der Geisterbahn. Zwar weiß man, dass man heil aus der Sache herauskommen wird (hoffentlich!), ein bisschen gruselt man sich aber allemal.

»Also, da bin ich ja mal gespannt«, sagt ein Mann mit Pudelmütze in resigniertem Tonfall.

Je mehr wir uns den Inseln jedoch nähern, desto breiter wirkt die Durchfahrt. Alle atmen erleichtert auf.

Durch die Felsbrocken hindurchzugleiten fühlt sich an wie das Durchschreiten eines Tores. Jetzt sind wir wirklich im hohen Norden angelangt, in der Welt der Wikinger. Odin und Freya scheinen uns aus der ewigen Dämmerung zuzuwinken.

Als musikalische Untermalung wäre jetzt eigentlich der »Walkürenritt« angebracht. Aber auch mit der Stille um uns ist es ein Moment voller Magie. Ab und zu teilt eine Durchsage von der Brücke den Gläubigen mit, wohin sie ihre Blicke richten sollen. Im Auto oder Zug rasen wir an solchen Naturschönheiten vorbei, und es geht immer viel zu schnell. Im gemächlichen Tempo eines Schiffes können wir alles in Ruhe betrachten. Die majestätische Langsamkeit verstärkt unsere Eindrücke.

Drei Tage später überqueren wir den Polarkreis.

Der Polarkreis befindet sich etwas nördlich des 66. Breitengrades. Mein Tagesprogramm verankert ihn genau bei 66 Grad, 33 Minuten und 39 Sekunden Nord. Der Polarkreis trennt die polaren Gebiete von der gemäßigten Zone. Am Tag der Sommersonnenwende geht die Sonne hier im Norden nicht mehr unter, zur Wintersonnenwende taucht sie gar nicht erst auf. Weil wir im Sommer unterwegs sind, beginnt hier das Reich der Mitternachtssonne.

In meiner Kabine finde ich abends nur ein Zertifikat vor. Keine Feier für den Polarkreis? Oder war die Passage der Vulkaninseln schon unsere Polarkreisfeier?

Mein Polarkreiszertifikat ist nur eine einfache Farbkopie. Die Gelb- und Brauntöne rufen eine Sepia-Assoziation hervor und lassen es so antik aussehen wie eine Urkunde, die Marco Polo hätte verliehen werden können. Abgebildet sind eine Landkarte mit dem Polarkreis und ein Sextant. Dazu das Datum und die Uhrzeit unserer Überquerung. Das alles in sechs Sprachen und mit Unterschrift des Kapitäns.

Ich bin ein bisschen enttäuscht, weil andere Veranstalter richtige Taufzeremonien organisieren. Ein grün gekleideter Neptun mit einem Dreizack lässt die Täuflinge in den Pool springen oder löffelt ihnen mit einer Kelle Eis oder Wasser über den Kopf. Ein bisschen mehr Remmidemmi für diese entscheidende Linie unseres geografischen Koordinatensystems wäre doch wohl angemessen gewesen.

Mein persönliches Highlight wäre allerdings eine Äquatortaufe. Diese ist doch der Höhepunkt aller Kreuzfahrtzeremonien. Vom Stellenwert kommt sie direkt nach einer Audienz beim Papst oder einer Pilgereise nach Mekka.

Es ist zwar nicht mehr wie in alten Zeiten, als es um einen Initiationsritus für Seeleute ging, die zum ersten Mal die Grenzlinie zwischen Nord- und Südhalbkugel überquerten. Denn damals ging es noch sehr viel rauer zu.

Als der legendäre englische Entdecker Kapitän James Cook im achtzehnten Jahrhundert zum ersten Mal mit der *Endeavour* in die Südsee aufbrach, lief die Zeremonie so ab: Die neuen Matrosen wurden von den schon Getauften auf einen Stuhl gefesselt, am Großmast hochgezogen und von dort dreimal ins Meer getaucht. Manch einer wäre dabei um ein Haar ertrunken, andere fanden es lustig. Das waren noch Zeiten!

Vielleicht ist ein einfaches Zertifikat doch ganz okay. Und außerdem sind wir ja nicht am Äquator.

Eine ähnliche Urkunde wie das Polarkreiszertifikat habe ich vom Kanal von Korinth. Sie macht sogar optisch ein bisschen mehr her als das Polarkreiszertifikat, ist sie doch aus dicker Pappe mit einem Foto von unserem Schiff, wie es von einem Schlepper durch die fast achtzig Meter hohen Felsen gezogen wird. Selbstverständlich wieder mit Datum und Unterschrift des Kapitäns.

Auch dieses Event ist spektakulär und wird mit viel kultischem Pomp inszeniert. Schon im Katalog wird die Durchquerung des 6,3 Kilometer langen Kanals als einer der Höhepunkte der Reise hervorgehoben. Liebhaber der Antike schmelzen natürlich schon beim Namen Korinth dahin.

Erbaut wurde der Kanal erst 1882 bis 1893, doch schon die alten Griechen hatten hier eine Schleifbahn angelegt, auf der kleinere Schiffe auf Wagen über den Isthmos von Korinth gezogen wurden. Diese Landenge verbindet das griechische Festland mit dem Peloponnes.

Wir sind früh aufgestanden. Gegen sechs Uhr morgens erreichen wir die Einfahrt zum Kanal. Die See ist spiegelglatt. Es erfolgt eine erste Durchsage von der Brücke. Schließlich soll niemand das Schauspiel verpassen.

Einige haben sogar die Feldstecher umhängen, die hier zur Kabinenausstattung gehören. Als wären wir auf einer echten Expedition.

Ein Schlepper hängt sich vor uns und zieht uns im Zeitlupentempo in Richtung der schnurgeraden Schneise im Felsen.

Nicht jedes Schiff kann diese Passage antreten. Die großen sind hier außen vor, ist der Kanal doch nur 24 Meter breit. Unser Schiff ist 17,5 Meter breit, und ich drücke die Daumen, dass der Lotse nicht aus Versehen die Felswände rammt.

Große Schiffe müssen gleich um den Peloponnes herumschippern. Die Abkürzung in Poseidons Reich, wie der Gott des Meeres hier genannt wird, ist ihnen auf der Fahrt von der Adria in die Ägäis verwehrt.

Als hätte sie auf uns gewartet, wählt die Sonne genau diesen Augenblick für ihren Auftritt. Vor uns erscheint sie auf der

Bühne und klettert langsam am Horizont empor. Was für ein Knalleffekt! Selbst wenn jetzt noch ein Chor »Freude, schöner Götterfunken« anstimmen würde, könnte das die Erhabenheit des Moments nicht mehr steigern.

Der Schlepper zieht uns durch die Mole, die den Kanal vor dem offenen Meer schützt. Dann sind wir in der Wasserstraße. Am Anfang blicken wir noch auf die Felsen hinunter. Je weiter wir hineinfahren, desto steiler steigt das Gestein rechts und links von uns an, bis es sich schließlich hoch über uns auftürmt.

Die unterschiedlichen Gesteinsschichten, obwohl von Büschen bewachsen, sind gut zu erkennen. Über uns kreisen Falken, Dohlen und Elstern. Wir unterfahren drei Stahlbrücken. Die Autobahn, die Nationalstraße und die Eisenbahn erheben sich gut fünfzig Meter über uns.

Irgendwann setze ich mich ins Freiluftcafé und frühstücke. Die Aussicht ist grandios. Nach einer Stunde gelangen wir in den Saronischen Golf und legen einige Stunden später in Piräus an.

Das frühe Aufstehen hat sich gelohnt. Um mich herum sehe ich nur glückliche Gesichter. Meine Mutter hat wegen dieser Durchfahrt die Reise überhaupt gebucht. Auch sie ist hochzufrieden.

Ein bisschen Kitsch ist bei all diesen Inszenierungen immer dabei. Trotzdem kreieren die Hohepriester des maritimen Kultes für uns auf diese Weise ein ganz besonderes Erlebnis. Die Passage durch die Westmänner-Inseln und der Kanal von Korinth werden für immer in meinem Gedächtnis gespeichert sein.

Auch die auf dem Land zelebrieren ihren eigenen Neptun-Kult. Nur sind wir dann das Schauspiel, das fotografiert wird. Wenn wir in unserem Hochhaus vorbeifahren, bremst sogar der eine oder andere Autofahrer ab, zückt das Handy und macht einen Schnappschuss.

Vielleicht reißt es bei unserem Anblick nicht gerade die Bewohner von Venedig oder Dubrovnik von ihren Caféstühlen. Die sehen jeden Tag genug dicke Pötte. Doch in weniger belebten Weltgegenden sind wir die Sensation. Da knipst man uns nicht nur, sondern verschickt das Foto über WhatsApp an alle seine Freunde.

Im apulischen Manfredonia wunderten meine Mutter und ich uns einmal über den Verkehr im Hafengebiet. In dem ganzen Städtchen waren abends um sechs die Bürgersteige schon hochgeklappt, nur hier tobte der Bär. Was war dahinten am Ende des Kais los, wo außer unserem Schiff nichts war?

Ein Auto nach dem anderen fuhr an uns vorbei und kam irgendwann wieder zurück. Als wir selbst unser Schiff erreichten, stellten wir fest, dass tatsächlich alle vorfuhren, um einmal das Schiff zu sehen. Dann wendeten sie und traten den Heimweg an. In diesem abgelegenen Provinzstädtchen sorgte unser kleines Boot mit vielleicht dreihundert Passagieren für ein spannendes Feierabendspektakel.

Manchmal, wenn ich lange nicht auf dem Meer war, huldige ich Neptun ganz für mich allein. Dann besichtige ich auf dem Main Flusskreuzfahrtschiffe, die in Richtung Donau oder Rhein unterwegs sind. Im Sommer liegen manchmal zwei oder drei zwischen Untermainbrücke und Holbeinsteg, also praktisch mitten in der Frankfurter Innenstadt. An ihnen vorbeischlendernd, google ich auf meinem Handy ihre Namen, um zu sehen, welches Ziel sie ansteuern. Und wenn ich wieder zu Hause bin, schaue ich mir die Fahrt noch eimal im Katalog an.

Stolz wie Bolle war ich, als mir klar wurde, dass Frankfurt nicht nur ein Zwischenstopp, sondern auch ein Einschiffungshafen ist. Eines Abends lief ich auf meinem üblichen Weg am Main entlang – und die *Modigliani* aus Straßburg war wieder da. An ihr ist auf den ersten Blick nichts Spektakuläres, nicht einmal Balkons hat sie. Doch ich habe sie ins Herz geschlossen, weil sie uns im Sommer regelmäßig alle vierzehn Tage besucht.

Zwei Französisch sprechende Damen saßen an diesem Abend neben ihren riesigen Koffern auf einer Uferbank. Warum haben die ihre Koffer dabei?, fragte ich mich, als sich plötzlich trotz Fahrverbot auf dem Fußgängerweg ein Taxi durch die Spaziergänger schlängelte und vor der *Modigliani* zum Stehen kam. Die Autotüren flogen auf, und im selben Moment kam ein fescher Steward die Gangway hinunter, um sich um das Gepäck der Taxiinsassen zu kümmern. Gleichzeitig eilten aus der anderen Richtung vier ältere Herrschaften herbei, die große Koffer hinter sich herzogen. Erst da wurde mir klar, dass hier gerade eine Einschiffung im Gange war. Diese Leute waren aus ganz Frankreich an den Main gereist, um bei uns ihre Kreuzfahrt zu beginnen!

Ein weiterer Höhepunkt war ein Sonntag im Sommer, als gleich vier Flusskreuzfahrtschiffe bei uns anlegten: die *Belvedere*, die *River Adagio*, die *River Duchess* und die *Monet*, ein Schwesterschiff der *Modigliani*.

Ich stelle mir gern vor, wie es wäre, einfach zuzusteigen und auf der Donau bis zum Schwarzen Meer mitzufahren. Meine Mutter zieht es mehr in die andere Richtung, da sie den gewaltigen Fluss bereits zweimal bereist hat. Vielleicht werden wir also demnächst einmal auf holländischen Grachten gen Ijsselmeer steuern.

Wenn ich Glück habe, legt eines der Schiffe gerade an oder ab. Dann eile ich schnurstracks auf eine Brücke und winke den Passagieren zu, die gerade unter mir durchfahren. Vielleicht ja auch mal Ihnen.

Meine Neptun-Kult-To-do-Liste für die nächsten Kreuzfahrten

- Äquatorgetauft werden

- Zum Hamburger Hafengeburtstag in die Hansestadt einlaufen

- Auf den rauchenden Schlot von Volcano zusteuern

- Den Nord-Ostsee-Kanal durchfahren

- In Papenburg zuschauen, wenn die Meyer-Werft einen neuen Ozeanriesen ausdockt

- Den Suezkanal passieren

- Auf dem Amazonas fahren

- Um das Kap der Guten Hoffnung und um Kap Hoorn segeln

- Mit der *MS Ocean Majesty* unter der Tower Bridge durchfahren

- Von der Karibik in den Pazifik durch den Panamakanal gelangen

- Eisberge bewundern vor Grönland

- Die Bohrinsel-Kreuzfahrt vor der norwegischen Küste, bei der man von einer Ölplattform zur nächsten schippert

- Durch das Eiserne Tor fahren

»Haben Sie Grün oder Violett?«

Die Ausschiffung: So kommen Sie wieder an Land

Wie immer sind die schönsten Wochen im Jahr viel zu schnell vorbei. So auch jede Kreuzfahrt. Eben haben Sie noch am Pool gechillt und sich eine letzte Massage gegönnt, dann heißt es plötzlich Koffer packen. Der graue Alltag wartet, und auf einmal muss alles schnell gehen.

Bei der Ausschiffung wird nicht mehr lange gefackelt. Gleich kommen schon die Neuen, und die ganze Crew steht unter Stress. Alles muss wie am Schnürchen laufen. Die Ausschiffung ist aber nicht nur das Gegenteil der Einschiffung, sie hat auch ihre eigenen Regeln. Deshalb für Sie hier noch ein paar Rettungsringe für ein entspanntes Ende Ihrer Traumreise.

Rettungsringe für Anfänger

◆ Am Vorabend der Ausschiffung werden Ihnen Kofferanhänger auf die Kabine geliefert. Ob Sie Grün, Violett oder eine andere Farbe haben, entscheidet darüber, wann Sie von Bord gehen können. Die Uhrzeiten der einzelnen Farben sind im Tagesprogramm aufgelistet. Wenn Sie Ihre Abreise über die Kreuzfahrtgesellschaft gebucht haben, orientiert sich Ihre Ausschiffungszeit an der Abfahrt Ihres Busses oder der Abflugzeit Ihres Fliegers. Haben Sie Ihre Abreise individuell organisiert und sind mit Ihrer Farbe unglücklich, können Sie sie nachträglich ändern lassen. Oder von vornherein an der Rezeption Bescheid geben, wann Sie von Bord gehen möchten.

♦ Auch können Sie einfach vom Schiff gehen, ohne zu warten, bis Sie dran sind. Allerdings kann es passieren, dass Ihre Koffer noch nicht im Terminal bereitstehen. In der Regel werden sie nach den Ausschiffungsfarben sortiert aufgestellt.

♦ Eine weitere Möglichkeit, die Organisation zu umgehen, ist, das Gepäck selbst runterzutragen, sofern erlaubt.

Kreuzfahrtkauderwelsch

Grundwortschatz für Seebären und Meerjungfrauen

Achtern

Hinten, hinterer Teil des Schiffs

Äquator

Diese Berühmtheit unseres geografischen Koordinatensystems ist rund 40 000 Kilometer lang und teilt unsere Erde in Nord und Süd. Der Äquator dient als Nulllinie für die Zählung der Breitengrade. (siehe Breitengrad)

All inclusive

Ein Begriff, der leicht Verwirrung stiftet. Schließlich muss nicht extra hervorgehoben werden, dass die Mahlzeiten all inclusive sind. Das sind sie immer. Zuzahlen müssen Sie nur, wenn Sie eines der Spezialitätenrestaurants aufsuchen. Anders sieht es bei den Getränken aus. Da bekommen Sie am Büfett oft nur Wasser, Kaffee, Tee und ein oder zwei Säfte kostenlos. Im Restaurant müssen Sie zumeist selbst das bezahlen. Manchmal ist aber tatsächlich alles inklusive. Höchste Obacht also bei diesem Begriff, kann er doch alles Mögliche bedeuten.

Alle an Bord

Diese drei Wörter finden Sie immer vor einer Uhrzeit, nämlich der, zu der Sie sich bei einem Hafenaufenthalt wieder an Bord einfinden sollen. In der Regel eine halbe Stunde bevor das Schiff ablegt.

Allgemeine Notfallübung

Siehe Seenotrettungsübung

Allgemeine Seenotrettungsübung

Siehe Seenotrettungsübung

Auf Reede

Ihr Schiff legt nicht am Kai an, sondern ankert vor der Küste oder einem Hafen, der zu klein oder nicht tief genug zum Anlegen ist.

Auslaufhymne

»Große Freiheit«, »*Sail Away*«, »*Time to say Goodbye*«, »*Conquest of Paradise*« oder gleich die »Traumschiff«-Melodie, beim Auslaufen aus einem Hafen werden Sie auf vielen Schiffen jedes Mal den gleichen Song hören. Vielleicht auch einen anderen – auf jeden Fall etwas Bombastisches.

Ausschiffung

Der Vorgang, mit dem Sie am Schluss Ihrer Reise auschecken und von Bord gehen.

Backbord

Links, linke Seite des Schiffs in Fahrtrichtung

Bordguthaben

Manche Kreuzfahrtanbieter wollen Sie mit einem Bordguthaben locken, das Sie dann auf dem Schiff verprassen können. Das ist ein bisschen, als würden Sie sich erst einen Geschenkgutschein kaufen und ihn dann selbst einlösen.

Bordkarte

Ihre Bordkarte im Scheckkartenformat dient als Zimmerschlüssel und als Bezahlungsmittel an Bord. Außerdem weisen Sie sich damit aus, wenn Sie von Bord gehen oder das Schiff wieder betreten.

Bordmanifest

Vor der Reise müssen Sie erst mal ein Formular mit allen für die Einreise in andere Länder wichtigen Daten ausfüllen. So will man etwa Ihre Passnummer, aber auch Ihre Handynummer haben.

Bordsprache

Die Sprache, in der das Schiff mit Ihnen kommuniziert und Sie mit dem Schiff. Deutsch kann die alleinige Bordsprache sein oder eine unter mehreren. Ist die Bordsprache Deutsch, heißt das etwa, dass Durchsagen auch auf Deutsch erfolgen. Außerdem erhalten Sie Ihr Tagesprogramm und die Speisekarten auf Deutsch. Deutschsprachige Ausflüge werden Sie auch finden. Und es wird zumindest eine deutschsprachige Hostess mitfahren, die Sie auf jeden Fall versteht. Auf rein englischsprachigen Schiffen ist das alles nicht der Fall, außer

Deutsch ist als eine der Bordsprachen schon im Katalog angegeben.

Bordwährung

Auf deutschen oder europäischen Schiffen zahlen Sie an Bord in der Regel in Euro, auf amerikanischen Schiffen in Dollar.

Breitengrad

Jetzt wird es geografisch: Ein gedachtes Gitternetz, das dazu dient, jeden Ort genau zu identifizieren, umspannt die Erde. Auch auf See wissen Sie mit diesen geografischen Koordinaten immer bis auf den Meter genau, wo Sie gerade sind. Die in Ost-West-Richtung um die Erde verlaufenden Linien heißen Breitengrade oder geografische Breite. Sie werden vom Äquator, dem nullten Breitengrad, nach Norden und Süden bis jeweils 90 gezählt, wobei 90 schon dem Nord- oder Südpol entspricht. Konkret lesen sich die Angaben so: 50° 6′ 48″ N, 8° 40′ 46″ O sind die geografischen Koordinaten meines Heimatortes Frankfurt. Der kleine Kreis ° bedeutet Grad. Der Apostroph ′ steht für Minuten. Ein Anführungszeichen stellt die Sekunden dar. N und O stehen für Nord und Ost. Frankfurt liegt also etwas nördlich des 50. Breitengrades auf der Nordhalbkugel. Genauer gesagt bei 50 Grad 6 Minuten und 48 Sekunden nördlicher Breite. Nach einem Komma folgen dann die Angaben zum Längengrad. Das Ganze kann auch dezimal ausgedrückt werden. Da steht dann 50,13144° N, 8,669581° O für Frankfurt. Auf dem Schiff wird in der

Regel aber die zuerst beschriebene klassische Ausdrucksweise verwendet.

Brücke, auch Kommandobrücke

Was im Flugzeug das Cockpit ist, heißt auf dem Schiff Brücke.

Bruttoraumzahl (BRZ)

Maß, mit dem die Größe eines Schiffs errechnet wird

Bruttoregistertonnen (BRT)

Veraltetes Maß, um die Größe eines Schiffs zu messen

Bug

Vorn, vorderer Teil des Schiffs

Datumsgrenze

Am 180. Längengrad ändert sich das Datum. Überqueren wir diese gedachte Linie im Pazifik, überspringen wir einen Tag oder erleben ihn doppelt, je nachdem aus welcher Richtung wir kommen. Beispiel: Wenn es in Pago Pago, der Hauptstadt von Amerikanisch-Samoa, 12 Uhr mittags am 1. Juni ist, schreibt man im nur 125 Kilometer entfernten Apia, der Hauptstadt von Westsamoa, schon den 2. Juni. Die Uhrzeit bleibt dabei gleich. Außerdem gelangt man auch von der westlichen in die östliche Hemisphäre oder umgekehrt, denn der 180. Längengrad fungiert, genau wie der Nullmeridian, als gedachte Trennlinie.

Doc

Schiffsarzt

Einschiffung

Einchecken heißt auf dem Schiff Einschiffen.

Erste Sitzung

Im Restaurant essen Sie abends oft in zwei Schichten. Die erste Sitzung geht meistens um 18 Uhr oder 18:30 Uhr los.

Fender

Ein Puffer, den man an die Bordwand hängt, damit das Schiff nicht beschädigt wird, wenn es etwa gegen ein anderes Schiff oder die Kaimauer stößt.

Friends of Bill W.

So heißen auf einigen angelsächsischen Schiffen die Treffen von Suchtkranken.

Friends of Dorothy

Unter dieser geheimnisvollen Bezeichnung werden auf angelsächsischen Schiffen die Treffen von Lesben und Schwulen angekündigt.

Geografische Breite

siehe Breitengrad

Geografische Koordinaten

Auf klassischen Kreuzfahrtschiffen werden Sie meistens regelmäßig von der Brücke über die genaue Position des Schiffes informiert. Dazu gibt man Ihnen die geografischen Koordinaten durch, den Breitengrad und den Längengrad. Wenn dazu keine Angaben erfolgen, sehen Sie die Angaben auf der Seekarte in Ihrem Fernseher.

Geografische Länge

siehe Längengrad

Getränkepaket

Eine Auswahl an alkoholischen und nichtalkoholischen Getränken, die Sie zu einer Pauschale vorab buchen können. Ist Ihr Konsum hoch, lohnt sich das. Wenn Sie nur ab und zu mal ein Wasser aus der Minibar nehmen und ihren Durst ansonsten einfach mit Wasser, Tee und Kaffee am Büfett stillen, vermutlich eher nicht.

Glückskabine

Sie suchen sich Ihre Kabine nicht selbst aus, sondern nehmen das, was übrig bleibt. Das ist mindestens das, wofür Sie bezahlt haben, kann aber auch die Suite sein. Sofern Sie Fortüne haben!

Heck

Hinten, hinterer Teil des Schiffs

Hostess

Die Hostess ist an Bord Ihre Ansprechpartnerin für alles, was Sie auf dem Herzen haben. Ob Zipperlein oder Geburtstagsfeier.

Kai

Ein befestigtes Ufer mit tiefem Fahrwasser. Das Schiff kann an der Kaimauer anlegen.

Kapitänsempfang

Der Kapitän lädt die Gäste des Schiffs zu einem Drink ein. Wer möchte, wird dem Kapitän persönlich vorgestellt und kann ein Foto mit ihm machen lassen.

Kapitänstisch

Beim Kapitänsdinner, dem festlichen und kulinarischen Höhepunkt der Reise, werden einige Gäste am Tisch des Kapitäns platziert. Chancen können Sie sich ausrechnen, wenn Sie ein langjähriger Gast oder ein VIP sind. Anfänger, die es dort hinzieht, buchen am besten die teuerste Suite an Bord.

Knoten

In Knoten wird gemessen, wie schnell das Schiff fährt. Ein Knoten entspricht einer Seemeile pro Stunde. Kreuzfahrtschiffe legen etwa 15 bis 20 Knoten die Stunde zurück, wenn sie nicht gerade besonders rumzockeln oder Gas geben. Das sind etwa 28 bis 37 Kilometer pro Stunde.

Kreditkartenregistrierung

Da Sie an Bord nur mit der Bordkarte bezahlen, müssen Sie entweder Ihre Kreditkarte registrieren oder Bargeld hinterlegen.

Kreuzfahrtdirektor

Der Kreuzfahrtdirektor ist einer der höchsten Offiziere an Bord und der offizielle Gastgeber. Er ist zuständig für das touristische Programm und die Unterhaltung der Gäste.

Landgang

Dieser sperrige Begriff besagt einfach, dass Sie vom Schiff gehen und sich das Fleckchen Erde ansehen, auf dem Sie gelandet sind.

Landungsbrücke (auch Seebrücke)

Ein auf Pfeilern wie eine Brücke ins Wasser gebauter Anlegesteg

Längengrad

Wie die Breitengrade sind auch die Längengrade gedachte Linien. Sie verlaufen in Nord-Süd-Richtung und werden ab dem nullten Längengrad, dem Nullmeridian in beide Richtungen, also nach Osten und Westen bis 180 gezählt. Beim 180. Längengrad, der Datumslinie treffen sie sich wieder. Hinter den geografischen Angaben steht hier ein O oder E für Ost oder ein W für West.

Lee

Die dem Wind abgekehrte Seite des Schiffs, wo der Wind hingeht

Lektor

Wissenswertes über Häfen, Land und Leute? Das verraten die Lektoren an Bord in ihren Vorträgen.

Luv

Die dem Wind zugekehrte Seite des Schiffs, wo der Wind aufprallt.

Mittschiffs

In der Mitte des Schiffs

Mole

Ein vor den Hafen gebauter Damm, meist aus Steinen, der als Wellenbrecher dient

Notfallsignal

Sieben kurze Töne des Schiffshorns, gefolgt von einem langen Ton bedeuten, dass Sie sich mit Ihrer Schwimmweste zur Sammelstation für Ihr Rettungsboot begeben sollen. Genaue Informationen dazu finden Sie meistens auf der Innenseite Ihrer Kabinentür.

Notfallübung

Siehe Seenotrettungsübung

Nullmeridian

Der durch das englische Greenwich verlaufende nullte Längengrad teilt unsere Erde gedanklich nicht nur in Ost und West, an ihm ist auch unser 24 Stunden umfassendes Zeitzonensystem aufgehängt. Von hier beginnend, wechselt die Uhrzeit alle 15 Längengrade um eine Stunde. Wenn es in Greenwich 12 Uhr mittags ist, ist es bei uns schon eine Stunde später, nämlich 13 Uhr. Unsere mitteleuropäische Zeit ist nämlich am östlich der Oder verlaufenden 15. Längengrad Ost aufgehängt. 15 Längengrade westlich von Greenwich, in Island, ist es dagegen erst 11 Uhr. Der entsprechende Bezugslängengrad bildet dabei die Mitte, von der aus die Zeitzone über 7,5 Längengrade in jede Richtung geht. Der naturwissenschaftliche Zusammenhang zu diesem System stellt sich so dar: Die Erde dreht sich innerhalb von 24 Stunden einmal um sich selbst, also um 360 Grad. 360 Grad in 24 Stunden, das entspricht 15 Grad in einer Stunde. Und deshalb müssen wir die Uhr jeweils nach 15 Längengraden umstellen, außer die Grenzen werden statt nach geografischen aus politischen Gründen gezogen, wie beispielsweise bei uns in Europa.

Pier

Eine befestigte Anlegestelle für Schiffe. Das kann sowohl ein Uferkai sein als auch eine ins Wasser hinausragende Pier. Diese kann wiederum eine Landungsbrücke auf Pfeilern sein, aber auch ein befestigter Damm.

Repeater

Ein Wiederholer werden Sie ab Ihrer zweiten Kreuzfahrt mit ein und derselben Kreuzfahrtgesellschaft.

Rollen

Kommen die Wellen von der Seite, schaukelt das Schiff wie eine Wiege von einer Seite zur anderen: Es rollt.

Sail-Away-Party

Verlässt das Schiff einen Hafen, wird auf Deck gleich gefeiert.

Sammelstation (auf Englisch: Muster Station)

An der Sammelstation treffen Sie sich in einem Notfall und bei der Seenotrettungsübung. Meistens ist sie in einem Restaurant, einer Bar oder direkt vor den Rettungsbooten. Die einzelnen Stationen werden mit Buchstaben gekennzeichnet. Auf der Rettungsweste, die sich beispielsweise in Ihrem Schrank oder unter Ihrem Bett befindet, können Sie sehen, zu welchem Buchstaben Sie gehören. Und an der Innenseite Ihrer Zimmertür ist der Weg dorthin beschrieben.

Schmetterlingsreise

Die Route ist wie eine 8. Das Schiff fährt von seinem Basishafen in der Mitte mal in die eine, mal in die andere Richtung. Beispiel: Von Malta aus geht es eine Woche in die Ägäis, dann wieder nach Malta. Von dort fährt das Schiff für eine Woche in Richtung Adria. Daraufhin zurück zum Basishafen. Sie haben die Wahl, ob Sie gleich beide Schmetterlingsflügel buchen oder nur einen.

Scrubber

Wird Schweröl als Treibstoff eingesetzt, entsteht bei der Verbrennung Schwefel. Der Scrubber ist ein Abgaswäscher, der die Abgase vom Schwefel reinigt. Genauso wie der Rußpartikelfilter und der Stickoxidkatalysator kommt er leider erst auf wenigen neueren Schiffen zum Einsatz.

Seekrankheit

Durch die Schiffsbewegungen verursachte Übelkeit. Waren Sie noch nie seekrank, dann sollten Sie sich damit am besten gar nicht beschäftigen. Damit Ihnen das auf einem großen Schiff passiert, müssen Sie schon sehr sensibel sein oder der Sturm besonders heftig. Wer trotzdem Angst hat, packt die Reisetabletten ein, kauft sich ein

Akupressur-Armband im Bordshop oder lässt sich zur Not an der Rezeption oder beim Bordarzt ein Mittelchen verabreichen.

Seemeile

Auf dem Meer werden Entfernungen nicht in Kilometern, sondern in Seemeilen gemessen. Eine Seemeile entspricht 1,852 Kilometern.

Seenotrettungsübung

Kurz nach der Einschiffung findet am ersten Tag Ihrer Kreuzfahrt eine Notfallübung statt. Der Zeitpunkt ist in dem auf Ihrem Bett ausliegenden Tagesprogramm angekündigt und wird zusätzlich durchgesagt. Wenn Sie das Notfallsignal hören, holen Sie Ihre Schwimmweste und begeben sich zu Ihrer Sammelstelle. Der Steward ist vermutlich schon vor Ihrer Kabine auf Position und weist Ihnen den Weg. Genaue Erläuterungen finden Sie auch auf der Innenseite Ihrer Kabinentür. Sie müssen an dieser Übung teilnehmen, und auf vielen Schiffen wird die Teilnahme durch Scannen Ihrer Bordkarte kontrolliert.

Seetag

Ein Tag, an dem in keinem Hafen angelegt wird

Shuttlebus

Legt das Schiff außerhalb des Stadtzentrums an, wird Ihnen oft ein Shuttleservice angeboten. Den müssen Sie allerdings meistens auch bezahlen. In Häfen, in denen Sie nicht herumlaufen dürfen oder die extrem groß sind, gibt es zudem einen Shuttleservice der Hafenbehörde, der Sie zum Hafeneingang bringt.

Stabilisatoren

Auf Passagierschiffen eingesetzte Technik, die das Schaukeln des Schiffs dämpft und der Seekrankheit vorbeugt.

Stampfen

Kommen die Wellen von vorne, bewegt sich das Schiff wie eine Wippe auf und ab: Es stampft.

Steuerbord

Rechts, rechte Seite des Schiffs

Streifenhörnchen

Crewjargon für Offiziere mit mehr als einem Streifen

Tagesprogramm

Jeden Abend wird Ihnen ein Programm mit allen Aktivitäten des nächsten Tages auf die Kabine geliefert. Dort finden Sie auch die aktuellen Öffnungszeiten aller Bordeinrichtungen. Die können nämlich jeden Tag anders sein, weil sie sich etwa an den Liegezeiten in einem Hafen orientieren. Bevor Sie sich also frühmorgens auf den Weg zum Pool machen, schauen Sie lieber noch einmal nach, ob er auch an diesem Tag schon in aller Herrgottsfrühe geöffnet ist.

Tenderboot

Liegt das Schiff nicht im Hafen, sondern ankert davor, werden Sie mit einem kleinen Boot, einem Tenderboot, an Land gebracht. Meistens werden dazu einfach die eigenen Rettungsboote eingesetzt.

Tonne

Was Laien vielleicht für eine Boje halten, heißt eigentlich Tonne und markiert die Fahrrinne. Rechts sind die Tonnen grün, links rot.

Transfer

Da das Verkehrsmittel, mit dem Sie anreisen, Sie meistens nicht direkt vor dem Schiff absetzt, können Sie einen Transfer mitbuchen, beispielsweise um vom Flughafen in Mailand nach Genua oder Savona zu gelangen.

Trinkgeld

Drei Varianten sind möglich: 1. Trinkgelder sind bereits im Reisepreis enthalten, 2. Trinkgelder werden Ihnen am Ende der Reise automatisch auf die Rechnung gesetzt, oder 3. man überlässt es Ihnen, sich erkenntlich zu zeigen. Genauso wie das Verfahren unterscheidet sich auch die Höhe der empfohlenen oder automatisch eingezogenen Trinkgelder. Am besten schauen Sie sich das schon an, wenn Sie buchen. Denn ob die Trinkgelder im Reisepreis enthalten sind oder Ihnen pro Person 9 Euro pro Tag abgebucht werden, macht schon einen Unterschied. Auch auf Getränke oder Leistungen der Spa-Mitarbeiter wird auf vielen Schiffen automatisch eine Sevicegebühr erhoben. Sehr schön und detailliert ist hierzu die Liste auf www.cruisetricks.de.

Windgeschwindigkeit

Die Windgeschwindigkeit wird in Knoten, Meilen pro Stunde oder Stundenkilometern gemessen. Bei weniger als einem Knoten ist es windstill, bei über 64 Knoten herrscht ein Orkan. Eine schwache Brise liegt bei 7 bis 11 Knoten, starker Wind bei 22 bis 28 Knoten. Darüber wird es dann ungemütlich.

Windstärke

Auf Sir Francis Beaufort geht die Windstärkenskala von 0 bis 12 zurück. Hier wird der Wind nicht gemessen, stattdessen orientiert man sich an dem, was man sieht, also vor allem an den Wellen und der Gischt. Windstärke 0 oder 0 Bft entspricht Windstille und einer Windgeschwindigkeit unter einem Knoten. Windstärke 12 entspricht dem Orkan mit über 64 Knoten. Die schwache Brise von 7 bis 11 Knoten läge bei Windstärke 3, der starke Wind mit 22 bis 28 Knoten Windstärke 6 nach Beaufort.

Zodiac

Schlauchboot mit Motor, das bei Expeditionsfahrten eingesetzt wird

Zweite Sitzung

Damit ist abends die spätere Essenszeit gemeint, die meist gegen 20:30 Uhr beginnt.

Danksagung

Wir waren alle an Bord

Ganz herzlich möchte ich mich bei denjenigen bedanken, die mich beim Schreiben unterstützt haben. Auch allen, die eigene Geschichten und Anekdoten beigesteuert oder mir besonders schöne Formulierungen geschenkt haben, gilt mein Dank: Dr. Katja Bendels, Waltraud Berz, Anke Bütow, Regina Eisele, Gudrun Gülden, Britta Hansen, Dr. Bettina Hennig, Petra Hermanns, Leonie Jungen, Anna Kalb, Zivojin Lazarevic, Marius Leweke, Abdou Mahamat, Heinz Marten, Corry von Mayenburg, Monika Querfurth, Silke Querfurth, Christina Seitz, Dr. Monika Stobrawe, Susanne Van Volxem und Sabina Wachtel.

Vor allem danke ich meiner Mutter und der Prinzessin, dass ich über unsere Erlebnisse so schreiben durfte, wie sie sich in meiner Erinnerung abgespielt haben.